BIBLIOTHÈQUE DES ÉCOLES FRANÇAISES D'ATHÈNES ET DE ROME
PUBLIÉE
SOUS LES AUSPICES DU MINISTÈRE DE L'ÉDUCATION NATIONALE

3ᵉ SÉRIE — 2

LETTRES DES PAPES D'AVIGNON
Analysées d'après les registres du Vatican par les Chapelains de Saint-Louis-des-Français, à Rome
(PUBLICATION ANNEXE DE CELLE DES MEMBRES DE L'ÉCOLE FRANÇAISE DE ROME)

BENOIT XII
(1334-1342)

LETTRES CLOSES ET PATENTES
INTÉRESSANT LES PAYS AUTRES QUE LA FRANCE
PUBLIÉES OU ANALYSÉES D'APRÈS LES REGISTRES DU VATICAN

PAR

J.-M. VIDAL
RECTEUR DE SAINT-YVES-LES-BRETONS, A ROME

QUATRIÈME FASCICULE
(Feuilles 1 à 9. — Colonnes 1 à 132)

PARIS
E. DE BOCCARD, ÉDITEUR
LIBRAIRE DES ÉCOLES FRANÇAISES D'ATHÈNES ET DE ROME
1, Rue de Médicis

1935

BIBLIOTHÈQUE DES ÉCOLES FRANÇAISES D'ATHÈNES ET DE ROME
PUBLIÉE
SOUS LES AUSPICES DU MINISTÈRE DE L'ÉDUCATION NATIONALE

SÉRIE 2

LETTRES DES PAPES D'AVIGNON
Analysées d'après les registres du Vatican par les Chapelains de Saint-Louis-des-Français, à Rome
(PUBLICATION ANNEXE DE CELLE DES MEMBRES DE L'ÉCOLE FRANÇAISE DE ROME)

BENOIT XII
(1334-1342)

LETTRES CLOSES ET PATENTES
INTÉRESSANT LES PAYS AUTRES QUE LA FRANCE
PUBLIÉES OU ANALYSÉES D'APRÈS LES REGISTRES DU VATICAN

PAR

J.-M. VIDAL
RECTEUR DE SAINT-YVES-LES-BRETONS, A ROME

QUATRIÈME FASCICULE

(Feuilles 1 à 9. — Colonnes 1 à 132)

PARIS
E. DE BOCCARD, ÉDITEUR
LIBRAIRE DES ÉCOLES FRANÇAISES D'ATHÈNES ET DE ROME
1, Rue de Médicis

1935

BENEDICTI PAPÆ XII

EPISTOLÆ PATENTES ET CLAUSÆ

ANNUS SEXTUS
(1340)

2640-2643 Avignon, 8 janvier 1340.

Nobiles viros et dominos temporales in regnis Aragonum et Valentiae ac comitatu Barchinonensi constitutos, resumpta narratione ut in littera regi Aragonum scripta (n. 2671), rogat et hortatur ut regis ejusdem piis affectibus super contentis in ea se conformantes ut in regnis Aragoniae et Valentiae ac comitatu Barchinonen. praemissa observentur opem et operam exhibeant suas; praelatorum quoque suorum exhortationibus obtemperare circa ea plenarie curent. (Litt. pat. Reg. Vat. 135, f° 2 r°, 3 r°, n. iii-vi.).

« *Dilectis filiis nobilibus viris comitibus, vicecomitibus, baronibus et aliis quibuscumque dominis temporalibus in regno Aragonum constitutis.* Pridem inter cetera que cum carissimo in Christo filio nostro Petro, rege Aragonum illustri tunc apud Sedem Apostolicam in nostra presentia constituto super suo ac regnorum et terrarum suorum statu quem desideramus prosperis successibus habundare fuimus paternis affectibus et caritativis affatibus colloquti, expressius sibi meminimus explicasse qualiter ex frequentibus multorum fidelium in regnis et terris praedictis degentium insinuationibus deductum sepius fuerat ad nostrum et apostolice sedis auditum quod quamvis olim Judeis et Sarracenis in nonnullis civitatibus, castris et locis dictorum regnorum et terrarum in magna multitudine morantibus, certa loca clausa et distincta parietibus ad inhabitandum et negociandum, ut essent a familiaritate ac conversatione Christianorum fidelium nimia et periculosa remoti, olim deputata fuissent, hiis tamen temporibus Judei et Sarraceni predicti locis hujusmodi non contenti, sed eis dilatatis seu dimissis omnino, mixtim inter fideles ipsos etiam quandoque in eisdem domibus commorantur, panem suum in eisdem furnis faciendo decoqui, et in balneis simul se balneando cum eis ac in multis aliis periculose ac scandalose nimium conversando, ex quibus non sine Dei offensa et gravibus animorum periculis multa indecentia, nefanda et horribilia subsecuta sunt, ut asseritur, hactenus et jugiter subsecuntur. Rursus quod prefati Judei synagogas et Sarraceni mesquitas construunt et habent inter fideles eosdem in quibus Redemptorem nostrum dominum Jhesum Christum, ac nomen et gloriam Christianitatis blasfemant turpiter, et ipsi Sarraceni nomen illius perfidi Machometi publice contra prohibitionem constitutionis olim edite in concilio Viennensi extollunt; et insuper, dum cultus divinus a fidelibus in ecclesiis, monasteriis et aliis sacris locis circa que sunt in locis aliquibus, ut asseritur, synagoge ac mesquite predicte agitur vel Corpus dominicum ad communicandum infirmis defertur, aut alia sacramenta ecclesiastica fidelibus ministrantur, prelibati Judei et Sarraceni cachinationes et derisiones facere sepius in divine majestatis opprobrium, fidelium perniciem ac fidei detractionem catholice non verentur. Quamobrem rogandum et requirendum instanter duximus regem ipsum... ut... memoratos Judeos et Sarracenos prohiberet et nullatenus sineret simul et mixtim cum fidelibus commorari [etc... voir n° 2671]. Cum autem idem rex, tanquam princeps Deo devotus, zelatorque fidei orthodoxe fervidus se ad premissa devotis duxerit affectibus offerendum, nobilitatem vestram rogamus et attentius in Domino exhortamur... quatinus vos regis ejusdem piis et benignis affectibus super hiis conformantes, ut in regno Aragonie premissa que pro vitandis animarum periculis, ejusdem fidei puritate servanda et exaltatione glorie nominis Christiani admodum insideant cordi nostro plenum et celerem in locis et terris vobis subjectis capiant, sicut decet et expedit, commendabilis executionis effectum, sic prompte, celeriter et devote curetis efficaces opem et operam exhibere quod preter divine retributionis premium quod inde poteritis assequi apud nos et Sedem Apostolicam valeatis digne laudis preconia promereri. Porro, licet speremus in Domino, quod per regem prefatum et vos hec, quantum ad utrosque vestrum pertinuerit, impleantur, ut tamen in hoc Dei opere decens et expediens cautela non desit, venerabilibus fratribus nostris.. Terraconen. et.. Cesaraugustan. archiepiscopis eorumque suffraganeis per nostras damus litteras in mandatis [1] quod, prout ad eorum pontificale spectat officium, circa ea partes sue solicitudinis interponere sedule non postponant, contradictores per censuram ecclesiasticam appellatione postposita compescendo; quorum exhortationibus et monitionibus studeatis obtemperare plenarie in hac parte. Datum Avinione, VI [idus] januarii, anno VI°.

1. N° 2672.

« Item in eodem modo, *dilectis filiis nobilibus viris comitibus* [etc.] *in regno Valentie constitutis*. Datum ut supra ».

« Item in eodem modo *dilectis filiis nobilibus viris comitibus*, [etc.] *in comitatu Barchinonensi constitutis*. Datum ut supra ».

In eodem modo scribit : « *Dilectis filiis juratis ceterisque officialibus et communi civitatis Cesaraugustane* », mutatis mutandis. Datum ut supra. (Litt. pat. REG. VAT. 135, f° 3 v, n. VI).

2644   Avignon, 8 janvier 1340.

Dilectae in Christo filiae Sclarmundae, uxori quondam Bertrandi de Albia, de Fuxo, viduae, Appamiarum dioec. — conceditur indulgentia in articulo mortis plenaria. Provenit ex tue. Datum Avinione, v idus januarii, anno sexto ». (Litt. pat. REG. VAT., 135, f° 124 v°, n. CCCXXVI; REG. VAT. 128, n° 422 ; REG. AVEN. 54, f° 216 ; Vidal, 7937).

2645-2664   (vacant)

2665-2669   Avignon, 8 janvier 1340.

Daumet, 677; Riezler, 2061, fragm.; Fierens, 614, text.

Daumet, 678; Fierens, 616, anal.

Daumet, 679; Raynaldi, ad ann. 1340, n. 2 text.; Fierens, 615, anal.

Daumet, 680; Fierens, 617, text.

Daumet, 681, Fierens, 618, text.

2670   Avignon, 8 janvier 1340.

Daumet, 682; Fierens, 619 text.

2671   Avignon, 9 janvier 1340.

Regem Aragonum deprecatur ut in terris suis Judaeos et Sarracenos mixtim cum fidelibus nequaquam commorari seu conversari permittat et constitutionem in concilio Viennen. editam observari faciat. (Litt. pat. REG. VAT. 135, f°. 1 r°, n. 1; Raynaldi, ad ann. 1340, n. 56-57 text.).

« *Benedictus episcopus, servus servorum Dei, Carissimo in Christo filio Petro, regi Aragonum illustri*. Inter cetera que tecum, fili carissime, cum esses nuper in nostra presentia constitutus super tuo et regnorum tuorum statu salubri fuimus paternis et caritativis affatibus collocuti, expressius meminimus explicasse qualiter ex multorum fidelium in eisdem regnis degentium insinuatione percepimus sepius repetita, quod, licet olim Judeis et Sarracenis, in nonnullis civitatibus, castris et locis dictorum regnorum in magna multitudine morantibus, certa loca clausa et distincta parietibus ad inhabitandum et negociandum, ut essent familiaritate ac conversatione Christianorum fidelium nimia et periculosa remoti, ab antiquo fuerint deputata, hiis tamen temporibus Judei et Sarraceni predicti locis hujusmodi non contenti, sed eis dilatatis seu dimissis omnino, mixtim inter fideles ipsos, etiam quandoque in eisdem domibus commorantur, panem suum in eisdem furnis faciendo decoqui, et in balneis simul se balneando cum eis, et in multis aliis periculose ac scandalose nimium conversando ; ex quibus, non sine Dei offensa et gravibus animarum periculis, multa indecentia, nefanda et horribilia subsecuta sunt, ut asseritur, hactenus et jugiter subsequuntur. Rursus quod prefati Judei synagogas et Sarraceni mesquitas construunt et habent inter fideles eosdem, in quibus Redemptorem nostrum dominum Jesum Christum, ac nomen et gloriam Christianitatis blasfemant turpiter, et ipsi Sarraceni nomen illius perfidi Machometi contra prohibitionem constitutionis olim edite in concilio Viennensi extollunt. Et insuper dum cultus divinus a fidelibus in ecclesiis, monasteriis et aliis sacris locis, circa que sunt in locis aliquibus, ut asseritur, synagoge et mesquite predicte agitur, vel corpus dominicum ad communicandum infirmis defertur, aut alia sacramenta fidelibus ministrantur ecclesiastica, prelibati Judei et Sarraceni cachinationes et derisiones facere sepius in divine majestatis opprobrium, fidelium perniciem ac fidei detractionem catholice non verentur. Tu vero, fili amantissime, premissis diligentius intellectis, nobis te instanter requirentibus et rogantibus ut pro divina reverentia, ejusdemque zelo fidei tueque anime salutis obtentu Judeos et Sarracenos predictos prohiberes et nullatenus sineres mixtim, ut premissum est, cum fidelibus commorari, aut in premissis vel aliis periculosis et illicitis, ut prefertur, quomodolibet conversari, faceresque constitutionem eandem, quantum pertineat ad te, inviolabiliter observari, in ipsos Judeos et Sarracenos penis inflictis gravibus, si secus attemptare presumerent quoquomodo, nobis prompte ac benevole respondisti te praemissa prout ad te pertinuerit effectualiter impleturum. Cum autem hec insideant admodum non immerito cordi nostro, eaque pro reverentia divina, salute animarum et Christiane religionis honestate cupiamus ferventibus desideriis effectui mancipari, sicut verbotenus et ex corde te fuimus super predictis cordialiter exhortati, sic cordialius, si fieri possit, per scripturam preces precibus et exhortationes exhortationibus cumulamus. Et ut celeriorem et efficaciorem, sicut decet et expedit, pium hoc nostrum desiderium capiat executionis effectum, venerabilibus fratribus nostris .. Terraconensi et .. Cesaraugustano archiepiscopis eorumque suffraganeis per alias scribimus litteras[1], ut celsitudinem tuam super hiis solicitent et requirant, ipsique, prout ad eos pertinet, partes sue solicitudinis solerter et fideliter interponere non ommittant : quorum requisitionibus et monitis salubribus velit acquiescere regalis sublimitas in hac parte. Datum Avinione, v idus januarii, pontificatus nostri anno sexto ».

2672   Avignon, 9 janvier 1340.

Terraconen. et Caesaraugustan archiepiscopos eorumque suffraganeos hortatur ut praefatum regem Aragonum ac dominos temporales in Aragonum et Valentiae regnis ac comitatu Barchinonensi constitutos, quibus papa scribit, sollicitent et inducant ut contenta in littera suprascripta exsecutioni mandent. (Litt. pat. Reg. Vat. 135, f° 1 v°, n. 11)

« *Venerabilibus fratribus .. Terraconen. et .. Cesaraugustan. archiepiscopis eorumque suffraganeis*. Pridem inter cetera. Datum ut supra ».

1. N. 2672.

2673 Avignon, 12 janvier 1340.

Declarat reservationem prioratus saecularis non collegiatae ecclesiae de Podiogardae, Caturcen. dioecesis, a Joanne XXII, xi kalendas augusti, anno XVI°, factam, perinde valere ac si litterae super hoc factae et bullatae fuissent. (Litt. pat. REG. VAT. 135, f° 3 v°, n. VII; Daumet 683, sed erronee).

« *Ad futuram rei memoriam.* Dudum felicis recordationis. Datum Avinione, II idus januarii anno sexto ».

2674 Avignon, 13 janvier 1340.

Jacobum, regem Majoricarum quittat de summa decem millium florenorum auri de Florentia eidem ex causa puri mutui nomine camerae apost. a Joanne de Cojordano, episcopo Avenionen., thesaurario apostolico, tradita, et die datae praesentium ab ipso rege per manus Raymundi Alberti, laici Elnen. dioec., consiliarii sui, integraliter assignata. (Litt. pat. REG. VAT. 135, f° 3 v°, n. VIII).

« *Carissimo in Christo filio Jacobo, regi Majoricarum illustri.* Cum summam decemmillium. Datum Avinione, idibus januarii, anno sexto ».

2675 Avignon, 13 janvier 1340.

Dilectae in Christo filiae Germanae, dilecti filii Raimundi de Appamiis, laici Appamiarum, familiaris nostri uxori: — conceditur indulgentia plenaria in articulo mortis. « Provenit ex tue. — Datum Avinione, idibus januarii anno sexto ». (Litt. pat. REG. VAT. 135, f° 125 r°, n. CCCXXVII; REG. VAT. 128, n. 421; REG. AVEN. 54, f°. 216; Vidal, 7971).

2676 Avignon, 17 janvier 1340.

Petrum Piscis, praepositum operi aedificiorum palatiorum apostolicorum solutum facit de pecuniarum summis quas apostolica Camera ipsi assignavit et quas ipse expendit in dictis operibus, Avinione et apud Pontem Sorgiae, a principio mensis aprilis anni 1335 usque ad finem julii 1337; rationes quoque suas Camerae supradictae redditas approbat.¦ (Litt. pat. REG. VAT. 54, f° 21; REG. VAT. 128 n. 1 de curia; REG. VAT. 135, f. 4 r., n. IX; Vidal, 8226; Daumet, 684, sed incompl.).

« *Dilecto filio Petro Piscis, civi Mirapiscen., familiari nostro.* Probitatis tue meritis. Datum Avinione, XVI kalendas februarii, anno sexto ».

2677 Avignon, 20 janvier 1340.

Daumet, 685.

2678 Avignon, 22 janvier 1340.

Dino de Radicofano, archiepiscopo Januen., committit ut super contractibus, qui gasalhae seu aliis fictis in fraudem usurarum nominibus nuncupantur, ut inde lucra acquireret, a mag. Guillelmo de Veyraco, Agathen. praecentore, registratore litterarum apostolicarum initis, seu super quibus infamatus asseritur, se informet et super iis quod canonicum fuerit decernat, ac justitiam exhibeat oportunam. Johannes enim de Cojordano, episcopus Avinionen., et Mag. Joannes de Arpadella, archidiaconus de Bria in ecclesia Parisien., capellanus papae, aliis occupati negotiis, commissionem sibi circa haec datam prosequi nequeunt. (Litt. pat., REG. VAT. 135, f° 5 r°, n. XI).

« *Venerabili fratri Dino, archiepiscopo Januen.* Dudum relatione quorumdam. Datum Avinione, XI kalendas februarii, anno sexto ».

2679 Avignon, 23 janvier 1340.

Infrascriptis mandat ut summam quinque millium florenorum auri, de pecunia Camerae suae per pontificem pro pauperibus Urbis, fame valida ibidem ingruente miserabiliter oppressis distractam, a mercatoribus societatis Azayalorum de Florentia, quittatione debita confecta, recipiant, et tanquam fideles dispensatores blada exinde quantum poterit utilius haberi ementes, ubi melius forum ibidem vel regionibus circumpositis aderit, illa cum consilio duodecim proborum virorum Urbis, qui certiorem notitiam pauperum ipsorum habeant, inter pauperes, prout eos magis vel minus egere cognoverint, fideliter distribuant. (Litt. pat. REG. VAT. 135, f° 5 v°, n. XII; Theiner, *Cod. diplom.*, II, n. 92, text.).

« *Venerabili fratri Johanni, episcopo Anagnino, nostro in spiritualibus in Urbe vicario, et dilectis filiis Guigoni de Sancto Germano, preposito ecclesie Anicien., notario nostro, rectori Patrimonii b. Petri in Tuscia, ac Petro Laurentii, canonico Atrebaten., altarario basilice principis Apostolorum de Urbe predicta.* Non absque magna. Datum Avinione, x kalendas februarii, anno sexto. »

2680 Avignon, 29 janvier 1340.

Daumet 686-687. Adde in prima: reservationem v *kalendas maii, anno Iv decretam.*

2681　　　Avignon, 31 janvier 1340.

Simoni Philippi, inquisitori in partibus Tusciae, respondet se litteras ejus recepisse et episcopo Senensi ac communibus Senen. et Florentin. super officio inquisitionis, ac Joanni de Pererio, canonico Forojuliensi, collectori Camerae in illis partibus, ut juribus Camerae contentus ipsum inquisitorem indebite non molestet se scribere[1]. Illum insuper hortatur ut officium suum pure, sine avaritiae aut alterius vitii nota exsequatur. (Litt. clausa. Reg. Vat. 135, f. 6 v°, n. xv ; Eubel, *Bull. Franc.* VI, n. 119, text.).

« *Dilecto filio Symoni Philippi, ordinis fratrum minorum, inquisitori heretice pravitatis in partibus Tuscie auctoritate apostolica deputato.* Auditis et intellectis. — Datum Avinione, ii kalendas februarii, anno sexto ».

2682　　　Avignon, 31 janvier 1340.

Donodeo Malavolti, episcopo Senen., mandat ut statuta communis civitatis Senen. nuper edita per quae officium inquisitionis haeret. prav. impediri vel retardari posset sibi faciens exhiberi, praefatos commune ac praesidentes regimini civitatis ad ea revocanda vel moderanda compescat. (Litt. clausa. Reg. Vat. 135, f° 6 v°, n. xvi).

« *Venerabili fratri .. episcopo Cenen.* (sic). Perducto ad nostri. — Datum ut supra ».

2683　　　Avignon, 31 janvier 1340.

Commune Senen. civitatis deprecatur circa revocationem seu moderationem praedictorum statutorum ut supra. (Litt. clausa. Reg. Vat. 135, f° 7 r°, n. xvii).

« *Dilectis filiis communi civitatis Cenen.* (sic). Perlato nuper. — Datum ut supra.

2684　　　Avignon, 31 janvier 1340.

Joannem de Pererio, apostol. collectorem in Tuscia, hortatur ut juribus Camerae contentus, Simonem Philippi, ord. min., inquisitorem in partibus Tusciae, exigendo

1. N. 2682-2685.

al eo ultra partem de proventibus Inquisitionis Camerae debitam non molestet. (Litt. clausa. Reg. Vat. 135, f° 7ʳ, n. xvii*bis*).

« *Dilecto filio Johanni de Pererio, canonico Forojulien., collectori proventuum Cameram nostram in partibus Tuscie tangentium deputato.* Suam nobis dilectus. — Datum ut supra ».

2685　　　Avignon, 31 janvier 1340.

Commune Florentin. hortatur ut officiales suos ab injuriis et minis Simoni Philippi, inquisitori in partibus Tusciae inferendis, cohibentes, eidem inquisitori super iis quae fidem tangunt assistant. (Litt. clausa. Reg. Vat. 135, f° 7ʳ, n. xviii).

« *Dilectis filiis communi civitatis Florentine.* Intelleximus quod aliqui. — Datum ut supra ».

2686-2687　　　Avignon, 4 février 1340.

Daumet, 688-689. Adde in prima : *reservationem* xviii *kalend. februarii prox. praeter. decretam.*

2688　　　Avignon, 4 février 1340.

Nicolaum Abrein de Brunn, episcopum Tridentinum, commendat super illis quae Joanni de Convenis, episcopo Portuen., nuper scripsit ; illumque hortatur ut sua in hac parte diligentia non tepescat, summopere providendo ne illa quae in utilitatem et fulcimentum Ecclesiae, praesertim circa colligationes de quibus fecit mentionem, cedere crederentur, possint per fraudes et malitias quorumlibet in ejus praejudicium retorqueri, rescribendo etiam de actis et operatis. (Litt. clausa. Reg. Vat. 135, f. 7 v°, n. xxi).

« *Venerabili fratri Nicolao, episcopo Tridentino.* Intellectis plenius hiis. — Datum Avinione, ii nonas februarii, anno sexto ».

2689　　　Avignon, 4 février 1340.

Bertrando de Sancto Genesio intimat quod si ad colligationes inter eum et quosdam Italicos cum comite Tyrolis contra Bavarum faciendas procedatur, attendat ne possint in periculum Ecclesiae retorqueri, et ne Bavaró ad partes Italiae pandatur aditus cautelas adhibeat oportunas. (Litt. clausa. Reg. Vat. 135, f° 8 r°, n. xxii ; Raynaldi, ad ann. 1340, n. 67 text.).

« *Venerabili fratri Bertrando, archiepiscopo Aquilegien.* Intelleximus quod ad te venerabilis frater noster Nicolaus, episcopus Tridentinus, hiis diebus accedens super colligationibus inter te ac aliquot Italicos cum nobili viro comite Tirolis, filio magnifici principis .. regis Boemie illustris, ne Bavarus vel gentes sue transire possint ad partes Italie faciendis tecum habuit colloquium et tractatum ; quodque tu cum Florentinis et quibusdam aliis Italicis te habere velle deliberationem super hoc respondisti. Sane cum circa ligas hujusmodi esset, si fierent, advertendum subtiliter et caute, ne id quod crederetur pro parte tua in utilitatem et favorem Ecclesie fieri, posset in ejus detrimentum et periculum per malorum et falsorum hominum fraudes et malitias retorqueri, te previsum super hiis reddere volumus et attentum ut si procedatur ad hec, et etiam ne dicto Bavaro ejusque gentibus pandatur ad partes predictas aditus, cautelas adhibeas oportunas. Rescripturus nobis que in hac parte quomodolibet egeris et tibi occurrerint noncianda (*sic*). — Datum ut supra ».

2890   Avignon, 4 février 1340.

Francisco Silvestri, episcopo Florentino ac Joanni de Pererio mandat ut de conditione ac valore certorum beneficiorum, hospitalium et locorum ecclesiasticorum districtus Pisani, apost. Sedi reservatorum, et quibus illa collata indebite vel per quos occupata fuerint, et nihilominus ad cujus vel quorum praesentationem, collationem vel dispositionem pertinent, et de aliis circumtantiis se informent et referant. Praeterea si detentores beneficiorum ipsorum de fructibus ab eis indebite receptis Camerae apostolicae restituendis cautionibus praestitis se obligaverint, processus contra eos factos suspendant donec aliud ordinatum fuerit. (Litt. pat. Reg. Vat. 135, f° 8 v°, n. xxv).

« *Venerabili fratri Francisco, episcopo Florentino, et dilecto filio Johanni de Pererio, canonico Forojuliensi, collectori proventuum in partibus Tuscie ad Cameram nostram spectantium auctoritate apostolica deputato.* Dudum felicis record. Johannes papa XXII predecessor noster beneficia et loca ecclesiastica infrascripta diversis temporibus sue ac Sedis Apostolice dispositioni certis ex causis ad id moventibus ipsum reservans, decrevit extunc irritum et inane si secus per quoscumque quavis auctoritate, scienter vel ignoranter contingeret super hiis attemptari, videlicet Sancti Pauli ad Ortum, Sancti Augustini de Rassano, S. Martini Kiusiche, S. Sixti, S. Jacobi Orticarie, S. Petri ad Vincula, S. Mamiliani de Lupeto, et sanctorum Apostolorum de Collinis prioratus, ac prepositurem de Pontehere, necnon de Cassina, S. Laurentii de Curtibus, de Buiti, de Vico, S. Cassiani, S. Johannis de Veno, de Caprona, de Calci, de Vallaneto, de Rasignano, de Lardensa, de Liburna, et S. Laurentii in Platea plebes ecclesiarum. Item sancti Spiritus quod pape Alexandri dicitur, S. Lazari, S. Andree Kiusiche et S. Spiritus Trovatellorum hospitalia civitatis et dioc. Pisan. Et insuper omnes plebes ceteraque beneficia ecclesiastica collegiata cujuscumque ordinis, Lucan., Vulteran., Massan., et Grossetan. diocesum infra districtum Pisan. consistentia et ad collationem vel provisionem venerabilium fratrum nostrorum episcoporum et dilectorum filiorum capitulorum Lucan., Vulteran., Massan. et Grossetan. communiter vel divisim spectantia ; et etiam beneficia, hospitalia et pia loca quotcumque consistentia in civitate ac diocesi Lucan. et districtu Pisan., etiamsi Pisan., Vulteran., Massan., Lunen. et Grossetan. diocesum existerent, que tamen ad collationem ven. fratris nostri.. archiepiscopi Pisani nullatenus pertinerent. Cum autem [etc., sequitur mandatum ut supra].
— Datum Avinione, ii nonas februarii, anno sexto».

2691   Avignon, 5 février 1340.

Guillelmo de Bega, tabellioni publico concedit ut instrumenta Cameram apostol. et diversas personas tangentia, quae grossare manu propria nequiverit, postquam in protocollis suis scripta fuerint, per alios fideles notarios publicos, recepto prius in camera eorum juramento, grossari facere valeat, dummodo in dictis instrumentis manibus propriis ipse se suscribat et apponat signum suum. (Litt. pat. Reg. Vat. 135, f° 8 r°, n. xxiii ; Reg. Vat. 128, n. 201 ; Vidal. 8092).

« *Dilecto filio Guillermo de Bega, clerico Agennen. dioc., tabellioni auctoritate apostolica publico.* Proposita coram nobis. — Datum Avinione, nonis februarii, anno sexto ».

ANNUS SEXTUS

2692   Avignon, 5 février 1340.

« *Dilecto filio magistro Johanni de Amelio, archidiadono Forojuliensi, clerico Camere nostre, Apostolice Sedis nuntio.* Quia conclusiones et effectum processuum per te auctoritate litterarum nostrarum contra officiales ducatus Spoletani factorum, nobis sicut sepe scripseras non misisti, cum displicentia plurimum admirati, tibi districtius injungendo mandamus quatinus missionem hujusmodi studeas absque tarditatis obstaculo sic celeriter adimplere quod super hiis que nobis adversus te dictosque processus suggesta sunt hactenus et suggeruntur interdum ex sinistris conjecturis vel suspitionibus ordinare aliud super hoc non cogamur. Datum Avinione, nonis februarii, anno sexto ». (Litt. clausa. REG. VAT. 135, f° 8 v°, n. XXIIII).

2693   Avignon, 16 février 1340.

Regi Siciliae respondet de decimis in Tuscia eidem minime concedendis ; de civitata Asten. a marchione Montisferrati occupata ; de Mediolanensibus ad huc Ecclesiae non reconciliatis, quibus pontifex scribere nequit. (Litt. clausa. REG. VAT. 135, f° 9 v°, n. XXVI ; Daumet, 690, rubr.).

Carissimo in Christo filio Roberto, regi Sicilie illustri. Affectu benigno recepimus serenitatis tue litteras pridem nostro apostolatui presentatas ; et tam contenta in eis quam ea que subsequenter post presentationem earum gentes regie coram nobis proponere curaverunt patienter et benigne audivimus et intelleximus diligenter. Cumque in effectu tria pro parte regia peterentur, videlicet quod pro tuis necessitatibus presentialiter incumbentibus utilius relevandis decimas proventuum ecclesiasticorum in Tuscia consistentium graciose tibi concedere dignaremur ; et quod dil. filio nobili viro .. Marchioni Montisferrati super occupatione injuriosa civitatis Asten. ut ab ea omnino desisteret scriberemus ; illos quoque de La Scala et de Mediolano, ne Marchioni predicto favorem vel auxilium super predictis prestarent, sed tibi, fili carissime, potius assisterent per nostras litteras exhortari et inducere curaremus. Nos hiis consideranter attentis et deliberatione matura prehabita super eis, predictis gentibus respondimus et tue magnificentie ut sequitur breviter respondemus : siquidem decimas in regno et terris tuis pro eisdem supportandis commodius necessitatibus sub certa forma tibi concessimus non est diu ; sed illas tibi extra ea concedere hiis presertim temporibus quibus, ut te latere non credimus, presumptuosa Bavari sevicia rugit, ut fertur, adversus eandem Tusciam et partes alias circumposite regionis, nec nobis nec tibi decens vel expediens extimatur, cum etiam trahi posset ad perniciosam quodam modo consequentiam propter nonnullos reges alios catholicos qui variis necessitatibus opprimuntur. Plures insuper alias causas rationabiles quare id nequaquam expediebat fieri predictis gentibus tuis pretendimus, super quibus debent regiam prudentiam seriosius informare. Rursus licet regiis nequaquam convenire honoribus quod nos super occupatione dicte civitatis marchioni scriberemus predicto aliquibus videretur, pro eo quia ipse respectu regalis potentie debilis et existentie modice merito reputetur, tamen, ut ipse circa occupationem predictam a presumpta retrahatur insolentia, eidem opportune scribimus [1], prout nostre ac tue, fili dilectissime, honestati et decentie visum extitit convenire. Porro illis de Mediolano, qui nondum reconciliati sunt nobis et Ecclesie, scribere tanquam fidelibus non possemus decenter et in hoc casu stilus scribendi aliter magis irritativus quam utilis forsitan posset esse. Et quanquam illorum de La Scala reconciliationis negocium sit perfectum, nondum tamen super ratificatione ipsorum recepimus munimenta, sed cum satis cito receperimus, ut speramus, super predictis eis scribemus libenter et ipsos ad ea efficaciter, sicut expediens fuerit, inducemus, et idem faciemus etiam de Mediolanensibus dum eorum incepta reconciliatio dante Domino pervenerit ad effectum. Age, igitur, fili amantissime, viriliter et strenue cepta negocia prosecutione continuando laudabili et cultum justitie sicut statum et honorem decet regium confovendo, de divino auxilio ac nostro et apostolice sedis favore confisus. — Datum Avinione, XIIII kalendas martii, anno sexto ».

2694   Avignon, 16 février 1340.

Marchionem Montisferrati hortatur ut civitatem Asten. quam armorum potentia nuper occupavit injuriose,

---

1. N. 2694.

Roberto, regi Siciliae gentibusque suis, cujus proprium domanium est, dimittat in pace. (Litt. clausa. Reg. Vat. 135, f. 10^r, n. xxvii).

« *Dilecto filio nobili viro Johanni, marchioni Montisferrati*. De te, fili. — Datum ut supra ».

2695   Avignon, 21 février 1340.

Episcopo Magalonen. mandat ut processus et sententias sive per inquisitorem haereticae pravitatis, sive per quosdam saeculares judices curiae communis ecclesiae Magalonen. et domini Agautici in loco de Brixiaco actos et promulgatos, in causa certarum mulierum sortilegarum et maleficarum, ad apostolicam sedem, prout jam ordinatum est, mittere faciat ; necnon de suppressione ac retentione maliciosa apostolicarum litterarum informationem agat. (Litt. clausa ; Reg. Vat. 135, f° x, n. 28 ; Daumet 693 (anal.) ; J.-M. Vidal, *Bullaire de l'Inquisition française*, n. 177, in ext.).

Venerabili fratri.. episcopo Magalonen. — Dudum ad audientiam apostolatus nostri perlato quod pro eo quod in castro de Brixiaco, Magalonen. diocesis, ad tuam Magalonen. ecclesiam et dilectum filium nobilem virum Raymundum Petri, militem, dominum Agautici, eiusdem diocesis, communiter pertinente per quosdam judices seculares curie communis ecclesie ac nobilis predictorum contra quondam Michaelem Gauterie et Emengardam de Carnicis ac Agnetam Fabrice, mulieres ut asserebatur sotilegas et maleficas, certus habitus processus fuerat et condempnationis sententia promulgata et executioni mandata, in officii dilecti filii inquisitoris heretice pravitatis in illis partibus auctoritate apostolica deputati, ut dicebatur, prejudicium et contemptum, per eundem inquisitorem seu de mandato suo contra nonnullas personas certi fuerant facti processus. Nos certis ex causis tam de toto processu super premissis habito per dictos iudices seculares quam processu predicto per eundem inquisitorem vel de suo mandato exinde postmodum ut premittitur subsecuto volentes plenius informari, prefato inquisitori ac dilectis filiis vicariis ecclesie predicte tunc vacantis, necnon nobili memorato per diversas litteras nostras [1] dedisse meminimus in mandatis ut ipse inquisitor processum ex officio suo super premissis habitum dictique

1. Voir Vidal, *Bullaire*, etc... n. 172, 173.

vicarii et nobilis alium processum et sententiam factum et latam per predictos judices contra mulieres predictas nobis integraliter de verbo ad verbum sub suis sigillis interclusos destinare quantocius procurarent, et causam seu negocium huiusmodi ad nostrum et apostolice Sedis advocantes examen, inter alia prefato inquisitori et ejus locumtenenti, ne quicquam contra hujusmodi advocationem attemptare presumerent vel facerent districtius duximus inhibendum, ac decernendo ex tunc irritum et inane si secus scienter vel ignoranter contingeret super hiis attemptari, prout in eisdem litteris plenius continetur. Cum autem sicut intelleximus aliqui litteras nostras predictas sic maliciose retinuerint et subticuerint usque modo quod nequaquam fuerunt executioni mandate, fraternitati tue... mandamus quatinus eosdem processus et sententiam juxta predictarum litterarum nostrarum seriem facias quantocius nobis mitti et contenta in eisdem litteris executioni debite demandari. Contradictores, etc.. Et nichilominus super suppressione ac retentione maliciosa litterarum ipsarum necnon falsificatione que de ac super processu coram predictis judicibus secularibus habito facta fuisse dicitur informatione diligenti recepta, eam nobis sub tuo fideliter inclusam sigillo mittere non postponas. — Datum Avinioni, ix kalendas marcii, anno sexto ».

2696   Avignon, 22 février 1340.

Daumet, 694.

2697   Avignon, 24 février 1340.

« *Dilecto filio Germano de Castronovo, archidiadono Appamiarum* ; — conceditur indulgentia in articulo mortis plenaria.

« Provenit ex tue. Datum Avinione, vi kalendas martii, anno sexto ». (Litt. pat. Reg. Aven. 54, f. 216 v° ; Reg. Vat. 128, n. 426 ; Reg. 135, f. 125 r°, n. cccxxviii ; Vidal, 7957).

2698   Avignon, 26 février 1340.

Daumet, 695.

2699 Avignon, 28 février 1340.

Carolum Hungariae regem hortatur ut bano Bosnensi se circa extipationem haereticorum qui terram ejus contagione corrumpunt omnibus modis assistat. (Litt. clausa. REG. VAT. 135, f. 12 r°, n. XXXI ; Wadding, *Annal. Minor.* ad an. 1340, n. 7, text. ; Theiner, *Monum. Hungar.* I, n. 951, text.).

« *Carissimo in Christo filio Carolo, regi Ungarie illustri.* Nuper dilectus filius frater Geraldus, generalis minister ordinis fratrum minorum, nobis per litteras suas seriose descripsit collationem verborum quam habuit cum dilecto filio nobili viro Stephano, bano Bosnensi, super extirpatione hereticorum, qui terram ipsius impia contagione corrumpunt, ex quibus idem minister evidenter collegit bonum et catholicum propositum dicti bani ad extirpandam dictorum hereticorum perfidiam de terra prefata, si sibi de Sedis Apostolice atque tuum oprtuna presidia suffragentur. Nos autem de premissis plurimum gratulantes, eidem bano post salutationem alloquium scribimus in hec verba : Ex relatione etc... ut in alia[1] usque in finem. Cum itaque, fili, ad magnam gloriam tuam et securitatem regni tui cedere dinoscatur si de prefata terra Bosnensi predicti heretici tuo ad hoc suffragante presidio extirpentur, serenitatem regiam rogamus, requirimus et hortamur attente, tibi in remissionem peccaminum injungentes quatinus divine retributionis intuitu et requisitionis apostolice interventu eidem bano omnibus modis, viis et studiis ac consiliis et auxiliis opportunis, quibus melius cognoveris expedire, prudenter et potenter assistas, ut idem banus de terra prefata possit evellere prefatam jam antiquatam in ea contagionem heretice pravitatis, et in ipsam reducere divinum cultum, et ecclesias exinde destructas in statum pristinum ad laudem divini nominis restaurare, ita quod exinde premium consequaris retributionis eterne, et regno tuo ex reductione dicte terre ad lucem[2] catholice veritatis prepares et impendas pacis et securitatis augmentum. — Datum Avinione, II kalendas martii, anno sexto ».

1. N. 2701.
2. Theiner, *salutem.*

BENOIT XII. — T. II.

2700 Avignon, 28 février 1340.

Ministro generali ordinis minorum mandat ut litteras regi Hungariae et bano Bosnensi directas ipsis transmittat. (Litt. clausa. REG. VAT. 135, f. 12 v°, n. XXXII ; Wadding, *Annal. Minorum,* an. 1340, n. 8 text. ; Theiner, *Monum. Hung.* I, n. 953 text. ; Eubel, *Bullar. Francisc.* VI, n. 120 text.).

« *Dilecto filio Geraldo, ministro generali ordinis fratrum Minorum.* Recepimus litteras tuas continentes quod tu, ad inductionem Carissimi in Christo filii nostri Caroli, regis Ungarie illustris, ad presenciam nobilis viri Stephani, bani Bosnensis te personaliter contulisti, quodque idem banus tibi obviam occurrens in via te honoranter recepit, et a te verba catholice veritatis et salutis libenter audivit, tibique aperuit propositi sui votum, per quod evidentius cognovisti quod bonam voluntatem gerit ad extirpandum de principatu Bosnensi cunctos hereticos degentes ibidem, dummodo nos et Sedes Apostolica et idem rex Ungarie sibi super hiis favorabiliter assistamus, quorum favorem sibi oportunum extimat propter scismaticos, quos habet sue terre vicinos, quorum scismaticorum auxilium dicti heretici invocarent, si se de terra predicta cognoscerent extirpandos. Ecce igitur eundem Banum per nostras litteras[1] speciales rogamus, monemus et hortamur attente, ut prudenter attendens quam periculosum sibi et heredibus suis possit existere si in dicto principatu Bosnensi sic palam et secure heretici commorentur, laudabile propositum suum, quod sicut per litteras tuas percepimus, de dictis hereticis extirpandis de principatu predicto concepit, viriliter et invariabiliter prosequatur. Informaturus nos per nuntios suos, si forte dictos nuntios ad Sedem Apostolicam mittere cum contingat, quecumque cognoverit per nos et sedem predictam in exterminium dictorum hereticorum de principatu predicto, et in favorem fidei facienda, quia nos et sedes predicta eidem Bano super hiis, prout expediens fuerit, annuente Domino assistemus, et tam prefatum regem Ungarie quam alios Christifideles, necnon universitates et singulares personas vicinorum locorum ad assistendum eidem bano super extirpatione dictorum hereticorum per apostolicas litteras et nuncios

1. N. 2701.

inducemus. Hujusmodi autem litteras nostras tam prefato regi Ungarie quam eidem bano super hiis directas dilecto filio Petro de Strata, procuratori generali in Romana Curia ordinis tui, fecimus assignari, tibi per ejus nuncium transmittendas, quas quidem litteras, cum ipsas receperis, dictis regi et bano facias destinari. — Datum ut supra ».

2701   Avignon, 28 février 1340.

Stephanum, banum Bosnensem hortatur ut propositum quod de extirpandis haereticis de principatu suo concepit viriliter prosequatur. (Litt. clausa. REG. VAT. 135, f. 13r°, n. xxxiii ; Wadding, *Annal. Minor.*, an. 1340, n. 9, text. ; Theiner, *Monum. Hung.* I, n. 952, text.).

« *Dilecto filio nobili viro Stephano, bano Bosnensi*, Ex relatione dil. filii fratris Geraldi, ministri generalis ordinis fratrum minorum nuper recepimus quod ipse ad inductionem Carissimi in Christo filii nostri Caroli, regis Ungarie illustris, ad presentiam tuam accedens, te promptum et paratum invenit ut in principatu Bosnensi cultus restauretur divinus, qui propter multos hereticos ibidem degentes totaliter exinde, ut dicitur, est sublatus, quodque gratum et laudabile desiderium geris ut omnes ecclesie, que nunc inibi jacent dirute et destructe, auxiliante Deo, in pristinum statum resurgant et restaurentur, et in eis divina officia secundum ritum et morem ecclesiasticum ac fidelium celebrentur ; super quibus tue devotionis propositum plurimum in Domino commendamus. Ideoque nobilitatem tuam rogamus, monemus et hortamur attente quatinus prudenter attendens quam periculosum tibi et heredibus tuis possit existere si in dicto principatu Bosnensi sic palam et secure heretici conversentur, hujusmodi propositum quod de ipsis extirpandis de principatu predicto laudabiliter concepisti viriliter et invariabiliter prosequaris, informaturus nos, si forte nuntios ad Sedem Apostolicam mittere te contingeret, de omnibus que cognoveris per nos et sedem predictam in exterminium dictorum hereticorum de principatu predicto et in favorem fidei facienda, quia nos et sedes predicta tibi super hiis, prout expediens fuerit, annuente Domino, assistemus, et tam prefatum regem Ungarie, quam alios Christi fideles, necnon universitates et singulares personas vicinorum locorum ad assistendum tibi super extirpatione hereticorum per apostolicas litteras et nuntios inducemus. — Datum Avinione, ii kalendas martii, anno sexto ».

2702   Avignon, 1er mars 1340.

Daumet, 696.

2703   Avignon, 5 mars 1340.

Daumet, 697.

2704   Avignon, 5 mars 1340.

Daumet, 698 ; Riezler, 2069 fragm.

2704bis   Avignon, 5 mars 1340.

Daumet, 699 ; Raynaldi, ad ann. 1340, n. 4-7 text. ; Riezler, 2070, fragm. ; Fierens, 629, text.

2705   Avignon, 5 mars 1340.

Daumet, 700.

2706   Avignon, 7 mars 1340.

Capitulo Forojulien. eccl. significat ejusdem ecclesiae per obitum Bartholomaei, episcopi, vacantis, reservationem xiv kalend. decembris prox. praet. decretam. (Litt. pat. REG. VAT. 135, n. xxxiv, f. 13r° ; Daumet, 701).

« *Dilectis filiis capitulo ecclesie Forojulien.* Dudum intendentes. — Datum Avinione, nonis marcii, anno sexto ».

2707   Avignon, 7 mars 1340.

Guillelmo de Bos et Ramundo Naulonis mandat ut bona mobilia bon. mem. Bartholomaei Legras, episc. Forojuliensis, Camerae apost. die xiv kalend. decembris prox. praeter. deputata sub apostolica manu colligant et conservent. (Litt. pat. REG. VAT. 135, f. 13 v°, n. xxxv ; Daumet, 702).

Dilectis filiis magistro Guillermo de Bos, preposito Forojuliensis, clerico Camere nostre et Ramundo Naulonis, archidiacono Aquensis ecclesiarum. Cum nos dudum. — Datum Avinione, nonis marcii, anno sexto ».

2708   Avignon, 7 mars 1340.

Magistro Bertrando Cariti mandat ut Angelo Baroncelli et Turae Tuccii, mercatoribus societatis Azayalorum Parisiis commorantibus, qui duo millia florenorum auri superintendentibus fabricae ecclesiae s. Bernardi Parisiensis pro fabrica ipsius ecclesiae assignare tenentur, eamdem summam e pecuniis Camerae apostolicae quas in provinciis Senonen. et Rothomagen. collegit numeret. (Litt. pat. Reg. Vat. 135, f. 13 v°, n. xxxvi; Daumet, 703, incompl.).

« *Dilecto filio magistro Bertrando Cariti archidiacono Augi in ecclesia Rothomagen.* Prosperari fabricam operis. — Datum Avinione, nonis martii, anno sexto ».

2709-2710   Avignon, 11 mars 1340.

Fulginatensibus et Spellensibus inhibetur expresse ne ad locum de Carsano quousque a Thoma, episcopo Anconitano, vicerectore ducatus Spoletani, informatio exinde facta fuerit et pontifex aliud ordinaverit accedant. Non obstante enim aliqua inter eos concordata ordinatione, pejora prioribus pericula inter communia ipsa orta sunt. (Litt. pat. Reg. Vat. 135, f. 14 v°, n. xxxix-xl).

« *Dilectis filiis communi et hominibus civitatis Fulginaten.* Ad nostri apostolatus auditum nuper relatio fidedigna perduxit quod ex eo quod vos et dilecti filii commune ac homines castri Spelli, Spoletane diocesis, ad quemdam locum vocatum de Carsano, situm juxta seu prope territoriorum vestrorum ac eorumdem communis et hominum castri Spelli confinia, ubi domus seu hospitale leprosorum et quedam ecclesia parva consistunt certis diebus consuevistis olim accedere solemniter annuatim, ex vestro et eorumdem communis et hominum Spelli concursu mutuo diversa sepius non absque strage hominum et aliis scandalosis discriminibus pericula contigerunt; quodque licet tandem per certos electos arbitros a partibus hinc et inde fuerit ad vitanda pericula hujusmodi ex eodem concursu provenientia ordinatum quod vos dominica de Passione Domini, ac commune et homines dicti castri sequenti dominica in Ramispalmarum tantummodo ad locum annis singulis possetis convenire predictum et ex arbitraria ordinatione hujusmodi tunc crederetur adversus dicta pericula salubriter fore provisum, instigante tamen hostis antiqui emuli caritatis et pacis, malitia, pejora prioribus suscitata inter vos hinc inde invicem extiterunt postmodum pericula, et ampliora suscitari, nisi aliud adhibeatur remedium verissimiliter formidantur; nos igitur premissis diligentius intellectis cupientes vestris et eorumdem communis ac hominum dicti castri periculis et scandalis hujusmodi paterne solicitudinis studiis salubriter obviare, venerabili fratri nostro Thome, episcopo Anconitano, vicerectori ducatus Spoletani per alias nostras committimus litteras et mandamus ut super predictis et eorum circumstantiis ac etiam remediis utilibus et salubribus que ad utilitatem, pacem et tranquillitatem utriusque partis adhiberi poterunt in hac parte, se fideliter et solerter informans, nos exinde quantocius efficere studeat certiores. Ut autem periculis et scandalis que possint interim ex hujusmodi ad locum predictum concursu contingere salubrius obvietur, universitatem vestram exhortamur attente, vobis nichilominus districtius injungentes et inhibentes expresse quatinus ab accessu solenni ad locum predictum dominicis diebus predictis, quousque per nos recepta et visa informatione predicta aliud ordinatum super hoc extiterit, abstinere totaliter procuretis, cum prefatis communi et hominibus castri Spelli idem scribamus similes eis super hiis litteras destinando. — Datum Avinione, v idus martii, anno quinto ».

Item in eodem modo verbis competenter mutatis: *dictis communi et hominibus castri Spelli.* — Datum ut supra ».

2711   Avignon, 11 mars 1340.

Thomae, episcopo Anconitano, vicerectori ducatus Spoletani, resumpta factorum narratione ut in praecedenti mandat ut dictis communibus et hominibus litteras suprascriptas praesentari faciat, illosque hortetur ut papae ordinationi pareant; ipse vero de praedictis eorumque circumstantiis se informet et referat. (Litt. pat. Reg. Vat. 135, f. 15 r°, n. xli).

« Venerabili fratri Thome, episcopo Anconitano, ducatus Spoletani vicerectori. Nuper ad nostri apostolatus. — Datum ut supra ».

2712   Avignon, 12 mars 1340.

Dilecto filio nobili viro Petro Fredoli, militi, domino de Veyruna et dilectein Christo filie nobili mulieri Tiburgi, ejus uxori, Magalonen. dioc. ; — conceditur indulgentia in articulo mortis plenaria.
« Provenit ex vestre. Datum Avinione, iv idus martii, anno sexto ». (Litt. pat. Reg. Aven. 54, f° 217 v° ; Reg. Vat. 128, n. 438 ; Reg. Vat. 135, f. 125 r°, n. cccxxix ; Vidal, 7967).

2713   Avignon, 14 mars 1340.

Dilecto filio Guillelmo de Azithano, rectori parochialis ecclesiae de Totenchis, Tolosan. dioc. ; — conceditur indulgentia in articulo mortis plenaria. — « Provenit ex tue. — Datum Avinione, II idus martii, anno sexto ». (Litt. pat. Reg. Aven. 54, f. 217 v° ; Reg. Vat. 128, n. 442 ; Reg. Vat. 135, f° 125 r°, n. cccxxx ; Vidal, 7972).

2714   Avignon, 14 mars 1340.

Nuntiis apostolicis in Hungaria concedit facultatem post debitam satisfactionem absolvendi nonnullas personas, tam ecclesiasticas, quam saeculares regni Hungariae, necnon capitula, collegia et conventus, ex eo quod pecunias et alia bona ad Cameram apost. in dicto regno pertinentia debitis terminis non solverunt, vel restituerunt, excommunicationis sententia et aliis poenis spiritualibus innodatos ; insuper dispensandi cum personis ecclesiasticis super irregularitatis macula, si necessarium foret. (Litt. pat. Reg. Vat. 134, f. 14 r°, n. xxxvii ; Theiner, *Monum. Hung.* I, n. 954 text.).

« Dilectis filiis magistris Galhardo de Carceribus, preposito Titulen., Colocen. diocesis, et Petro Gervasii canonico Anicien. ecclesiarum, in partibus regni Ungarie apostolice Sedis nuntiis. Cum, sicut intelleximus. — Datum Avinione, II idus martii, anno secundo ».

2715   Avignon, 14 mars 1340.

Eisdem nuntiis mandat ut Jacobum Berengarii, monachum et operarium monast. Crassen., O.S.B., Carcassonen. diocesis, olim per Joannem papam XXII ad partes Hungarie pro colligendis certis proventibus Camerae missum, qui de collectis pecuniis et bonis reddere rationem hucusque recusavit, peremptorie citent ut infra certum terminum per eos prefigendum apostolico conspectui, rationes redditurus se praesentet. (Litt. pat. Reg. Vat. 135, f. 14 v°, n. xxxviii ; Theiner, *Monum. Hungariae* I, n. 955 text.).

« *Eidem*. Cum dilectus filius. — Datum ut supra ».

2716-2723   Avignon, 14 mars 1340.

Firmanos et alios, a jugo tyrannicae servitutis «sub qua diutius per illum nequam hominem quondam Mercenarium de Monteviridi, qui mercedis iniquitatis suae aliqua portione recepta, infelicis mortis pridem occasum in partibus illis persolvit » oppressi fuerunt, liberatos, hortatur ut devotioni et fidelitati Romanae Ecclesiae se incorporantes et in ea persistentes, Joanni de Riparia, rectori Marchiae pareant et assistant, et ut rebelles dictae Marchiae ad devotionem eamdem reducantur auxilia impendant. (Litt. clausae. Reg. Vat. 135, f° 15 v°, n. xlii-xlix ; Theiner, *Cod. diplom.* II, n. 95 text.).

« *Dilectis filiis communi, consilio et universitati civitatis Firmane*. Infusam a Domino. — Datum Avinione, II idus marcii, anno sexto ».

XLIII. « Item in eod. modo *communi et universitati terre Montisgranarii in Anconitana Marchia consistentis*. — Datum ut supra ».

XLIIII... « *communi et universitati castri Sancti Elpidii*... ».

XLV... « *communi et universitati terre Sancti Justi* ».

XLVI... « *communi et universitati terre Montisulmi* ».

XLVII... « *communi et universitati terre montis Sancte Marie in Georgio* ».

XLVIII... « *communi et universitati terre Offide* ».

XLIX... « *communi et universitati terre Cassignani* ».

2724-2726   Avignon, 14 mars 1340.

Communia quaedam Marchiae ad obedientiam Romanae Ecclesiae a qua deviaverant aliquibus temporibus reductos commendat ; illosque hortatur ut in eodem proposito inconcusse perseverantes. Joanni de Riparia, Marchiae ejusdem rectori, pareant et assistant. (Litt. clausa. Reg. Vat. 135, f° 16 v°, n. l-lii ; Theiner, *Codex diplom.* II, n. 96 text.).

« *Dilectis filiis communi et hominibus terre Montiscuculi in Anconitana Marchia consistentis*. Insinuatione grata percepto. — Datum Avinione, II idus martii, anno sexto ».

« Item in eod. modo *communi et hominibus terre*

Curivalti in Anconitana Marchia existentis. — Datum ut supra ».

« Item in e.m. *communi et hominibus terre Montis Milonis.* ».

2727-2729   Avignon, 14 mars 1340.

Anconitanos et alios commendat super eo quod in fidelitate Rom. Ecclesiae perseverant; illosque hortatur ut in ea persistentes Joanni de Riparia, rectori Marchiae Anconitanae obediant et assistant. (Litt. clausae. REG. VAT. 135, f° 16 v°, n. LIII-LIIII).

« *Dilectis filiis communi, consilio et universitati civitatis Anconitane.* In conspectu nostro. — Datum Avinione, II idus martii, anno sexto ».

« Item in e. modo *communi et universitati terre Recaneti in Anconitana Marchia consistentis.* — Datum ut supra.

Item in e.m. *communi et universitati terre Montis Luponis* ... ».

2730   Avignon, 14 mars 1340.

Rectori Marchiae mandat ut litteras papae Firmanis et aliis Marchiae communibus praesentet et circa agenda se fideliter gerat. Ordinata vero per pontificem super facto Marchiae per alias litteras[1] notificantur ei. (Litt. clausa. REG. VAT. 135, f° 17 r°, n. LV).

« *Eidem rectori.* Tam civitatis Firmane. — Datum ut supra ».

2731   Avignon, 14 mars 1340.

« *Dilecto filio Guillelmo de Azilhano, rectori paroch. ecclesie de Totenchis, Tolosane dioc.* — conceditur licentia testandi. — « Quia presentis vite. Datum Avinione, II idus martii, anno sexto ». (Litt. pat. REG. AVEN. 54, f° 77; REG. VAT. 128, n. 36; REG. VAT. 135, f. 124 r°, n. CCCXXV; Vidal, 7928).

2732   Avignon, 15 mars 1340.

Joanni de Pererio mandat ut de bonis mobilibus quae quond. Paulus, abbas monast. S. Savini, O.S.B., Pisan. dioeces., apost. Sedis capellanus possidebat se informans, illa exigat et nomine Camerae apost. colligat, cum potestate assignandos quittandi. Si forsan dictus

1. N. 2733.

abbas de aliquibus bonis suis canonice disposuerit in nullo huic dispositioni derogetur. (Litt. pat. REG. VAT. 135, f° 17 r°, n. LVI).

« *Dilecto filio Johanni de Pererio, canonico Forojulien.* Cum nos certis. — Datum Avinione, idibus martii, anno sexto ».

2733   Avignon, 17 mars 1340.

Rectori Marchiae mandat ut si Firmanenses et alii de Marchia, excusso jugo Mercennarii de Monteviridi, in devotione et obedientia Rom. Ecclesiae ad quam nuper redierunt perseverare velint, ipsos favorabiliter prosequatur. Ut autem officium suum in hac parte utilius valeat exercere summa 3.000 florenor. auri de pecunia Camerae ipsimet mutuatur, quam eidem Camerae restituere quantocius debebit. Guerram vero absque licentia papae non faciat. (Litt. clausa. REG. VAT. 135, f° 17 v°, n. LVII).

« *Dilecto filio Johanni de Riparia, priori domorum Urbis et Pisarum hospitalis S. Johannis Jerosolimitani, Marchie Anconitane rectori.* Placidis relatibus intellecto. — Datum Avinione, XVI kalendas aprilis, anno sexto ».

2734   Avignon, 17 mars 1340.

Venetos rogat ut consilium, auxilium et favorem velint impertiri ut bona quondam Mercennarii de Monteviridi, tyranni, oppressoris Rom. Ecclesiae per sententiam eidem Ecclesiae confiscata, quae ipse sub districtu Venetorum tam Venetiis quam alibi possidebat, ad manum ejusdem Ecclesiae deveniant, super hoc mag. Bernardo de Lacu, rectori ecclesiae de Olonzaco, S. Pontii Thomeriarum dioecesis, juris civilis professori, apostol. nuntio assistendo. (Litt. clausan. REG. VAT. 135, f° 17 v°, n. LVIII).

« *Dilectis filiis.. duci et communi et consilio Venetorum.* Quot et quantos. — Datum Avinione, XVI kalendas aprilis, anno sexto ».

2735   Avignon, 17 mars 1340.

Bernardo de Lacu committit ut bona dicti Mercennarii apud Venetias vel alia loca Venetis subjecta consistentia nomine Camerae exigat et colligat. (Litt. pat. REG. VAT. 135, f° 18 r°, n. LIX).

« *Eidem nuntio.* Cum bona quondam. — Datum ut supra ».

2636 Avignon, 17 mars 1340.

Firmanis mandat ut ad bona supradicti Mercennarii in civitate sua consistentia, Ecclesiae Rom. confiscata recuperanda, Joanni de Riparia, rectori, et Bertrando Senherii, thesaurario Marchiae assistant. (Litt. clausa. Reg. Vat. 135, f° 18 v°, n. LX).

« *Dilectis filiis communi, consilio et universitati civitatis Firmane.* Cum, sicut accepimus. — Datum ut supra ».

2737 Avignon, 17 mars 1340.

Rectori et thesaurario Marchiae mandat ut bona hujusmodi in Marchiae provincia per Mercennarium supradictum possessa colligere procurent. (Litt. pat. Reg. Vat. 135, f° 18 v°, n. LXI).

« *Eisdem rectori et thesaurario.* Cum sicut intelleximus. — Datum ut supra ».

2738 Avignon, 17 mars 1340.

Joanni de Amelio mittuntur litterae circa repetitionem bonorum Mercennarii de Monteviridi confiscatorum expeditae : mandatur ei ut si de confiscatione hujusmodi et de juribus Rom. Ecclesiae super bonis eisdem appareat, ad executionem litterarum ipsarum si absque scandalo fieri possit praesentialiter procedi faciat ; alias autem litteras subticeat antedictas quousque exsecutio expediens videatur. (Litt. clausa. Reg. Vat. 135, f° 19 r°, n. LXII).

« *Dilecto filio mag. Johanni de Amelio, archidiacono Forojulien., nostre Camere clerico, apostolice sedis nuntio.* Quia in tuis litteris. — Datum Avinione, xvi kalendas aprilis, anno sexto ».

2739 Avignon, 17 mars 1340.

Patriarchis, archiepiscopis, omnibusque ecclesiasticis personis mandat ut magistro Johanni Courtois, canon. Ambianen., papae scriptori, qui ad partes Flandriae, Brabantiae et Franciae ad emendos pannos pro papa et familiaribus ac eleemosyna suis mittitur, in securum conductum consulant. (Reg. Vat. 135, f° 123 r°, n. n. cccxxi ; Fierens, 633, text. ; Daumet 706, incompl.).

« *Venerabilibus fratribus patriarchis, archiepiscopis et episcopis ac dilectis filiis electis, abbatibus, etc., ad quos presentes littere pervenerint.* Cum dilectus filius. — Datum Avinione, xvi kalendas aprilis, anno sexto ».

2740 Avignon, 18 mars 1340.

Perusinis gratias agit eo quod Joanni de Riparia, rectori Marchiae Anconitanae, subsidium requisitum transmiserunt, illosque hortatur ut super negotiis Ecclesiae Rom. in dicta provincia occurrentibus eidem rectori assistant. (Litt. clausa. Orig. Archiv. Perus. Deprez, *Recueil de docum. pontif.*, dans *Quellen*, etc. t. III, p. 266, n. cxx anal. ; Reg. Vat. 135, f° 19 r°, n. LXIII).

« *Dilectis filiis consilio et communi civitatis Perusine.* Grata insinuatione percepto. — Datum Avinione, xv kalendas aprilis, anno sexto ».

2741 Avignon, 19 mars 1340.

Daumet, 707 ; Riezler, 2072, fragm. ; Fierens, 634 text.

2742 Poissy, 20 mars 1340.

Daumet ; 708, Raynaldi, ann. 1340, n. 19-20 fragm.

2743 Avignon, 25 mars 1340.

Franciscum Montis de Azayolis et societatem Azayalorum solutos facit de summa MIXCXXV florenorum, III solidorum et VII denariorum turon. parvorum a mag. Arnaldo Regis apud Dinum Geri, Lottum Corbizi et Bartholomaeum Corsini, socios dictae societatis in Flandria commorantes, die xx augusti anni 1339 deposita, quam socii ipsi pro fabrica ecclesiae S. Bernardi Parisiensis assignaverunt. (Litt. pat. Reg. Vat. 135, f° 21 r°, n. LXVIII ; Fierens, 636, text. ; Daumet, 709, anal.).

Dilecto filio Francisco Montis de Azayolis, mercatori et socio societatis Azayalorum de Florentia, in romana curia commoranti. Cum secundum ordinationes. — Datum Avenione, VIII kalendas aprilis, anno sexto ».

2744 Avignon, 25 mars 1340.

Franciscum Montis de Azayolis solutum facit de summa mille quingentorum florenorum auri a Joanne de Pererio, collectore apostolico in Tuscia, apud Banchum de Azayolis et alios mercatores Florentiae commorantes societatis Azayalorum deposita, quam die xvi mensis octobris 1339 assignavit pro fabrica ecclesiae S. Bernardi Parisiensis, retentis de dicta summa xx florenis auri pro portagio. (Litt. pat. Reg. Vat. 135, f° 21 v°, n. LXIX ; Daumet, 710, incompl.).

« *Eidem.* Cum secundum ordinationes. — Datum ut supra (cf. n. 2743).

2745 Avignon, 25 mars 1340.

Daumet, 711.

2746 Avignon, 25 mars 1340.

Societatem Azayalorum absolvit de certis summis Camerae apostol. debitis ab eis receptis et tam Joanni Courtoys, quam superintendentibus operis fabricae S. Bernardi Parisiis traditis. (Litt. pat. Reg. Vat. 135, f. 22 r°, n. LXXI; Fierens, 635 text.; Daumet, 712 rubr.).

« *Dilecto filio Francisco Montis de Azayolis, mercatori et socio societatis Azayalorum de Florentia in Romana Curia commoranti.* Cum secundum ordinationes et conventiones inter Cameram nostram ex parte una et te, tuo, ac commercatorum societatis tue Azayalorum nominibus, ex altera, dudum factas, dilecti filii Dinus Geri, Lottus Corbizi et Bartholomeus Corsini, tui et ejusdem societatis commercatores et socii in partibus Flandrie commorantes, receperint die quartadecima mensis martii de anno Domini M°CCC°XXXIX° in villa Brugensi, Tornacen. diocesis, a dilectis filiis Laurentio Pensatoris et Henrico Dresselare, civibus Cracoviensibus, solventibus nomine suo et nonnullorum condebitorum suorum de certis proventibus et bonis ad apostolicam Cameram spectantibus per dilectum filium Galhardum de Carceribus, prepositum ecclesie Titulen., Colocen. diocesis, et quondam Petrum de Alvernia, canonicum Noviomen., olim in partibus regni Polonie apostolice Sedis nuntios, nomine dicte Camere ibidem collectis et penes dictos Laurentium, Henricum et condebitores suos predictos depositis, que secuntur, videlicet octoginta tres marchas, septem scotos auri de viginti duobus caracteribus; item quadraginta unam et mediam marchas auri de palhola; item undecim marchas, quatuor scotos auri de viginti tribus caracteribus cum dimidio ad pondus civitatis Cracovien., et de hujusmodi auri quantitatibus per ipsos mercatores in eadem villa Brugensi venditis habuerint quinque milia centum viginti denarios vocatos scudatos auri, valentes sex milia sexcentos nonaginta duos florenos auri, tres solidos et sex denarios turonensium parvorum, recta computatione super hoc facta, tu de premissis Camere nostre, ut tenebaris, satisfactionem impendens, de predicta sex milium sexcentorum nonaginta duorum florenorum auri, trium solidorum et sex denariorum turon. parvorum summa, duo milia quadringentos florenos auri de mandato nostro dilecto filio magistro Johanni Cortoys, canonico Ambianen., scriptori nostro, pro emendis pannis in Flandria et partibus circumvicinis ad opus elemosine ac familiarium nostrorum pro librata hujus yemis proximo jam transacte; item dicte Camere nostre die quarta decima mensis decembris proximo preteriti mille ducentos nonaginta duos florenos auri, quatuor solidos turonensium parvorum et totum residuum ejusdem summe illis, qui ad promovendum et dirigendum opus edificii ecclesie sancti Bernardi Parisiensis, Cisterciensis ordinis, quod fieri facimus auctoritate nostra deputati[1] fore noscuntur, de mandato eodem integraliter assignari fecisti. Nos igitur tuis supplicationibus inclinati... te ac societatem et mercatores predictos... absolvimus tenore presentium imperpetuum et quittamus. — Datum Avinione, VIII kalendas aprilis, anno sexto ».

2747 Maubuisson, 26 mars 1340.

Regis Franciae litterae securi conductus pro nuntiis Ludovici de Bavaria. (Reg. Vat. 135, f° 98 r°, n. CCLXIII; Deprez, *Les préliminaires de la guerre de cent ans*, p. 301, note 5 text.).

Ph. par la grace de Dieu roy de France. Atous ceus qui ces presentes letres verront. Salut. Comme nous desirons lonneur lessaucement la pais et la transquillite de la sainte eglise de Romme et que bonne pais feust en crestiente et nous aiens entendu que nobles et puissens hommes Loys de Bavaire et les princes Dalamaine entendent a envoier a nostre saint pere le pape et ala court de Romme leurs ambassateurs et solempnes messages sur leur reconciliation et que letit nostre saint

1. Reg.: *Deputatis*.

pere de certain nombre de personnes et a certain temps et en certaine manere leur donne ses letres de conduit et neantmains requierent a avoir de nous letres de conduit, nous qui voudrions toute bonne reconciliation de toutes personnes avec leglise voulons donnons et octroions aus gens messages et ambassateurs de dit Loys et princes pour nous et pour noz alies et amis adherens et faucteurs tout bon loial et especial conduit tant que au nombre et au temps et en celle manere que ledit notre saint pere leur a octroie per ses letres ou leur octroiera et que euls leurs gens et familiers avec tous leurs chevaus biens et choses puissent en alant en demourant et en retournant ala dicte court de Romme sauf et sour passer et aler. Et donnons en mandement per ces letres et commandons atous noz sugbies et prions atous noz alies et amis que euls les gens messages et ambassateurs des dit Loys et princes avec leurs familiers, chevaus et autres biens lessent passer franchement et senz nul empeschement ne que aucune iniure ne violence a euls ne aleurs biens ne choses autres leur soit faite aincorz se euls oint besoing et eulz le requierent que len leur pouvoie de seur et bon conduit. Et sacent tuit que se le contraire se fesoit il nous desplairoit moult et enpunirions forment nos subgies et en saurions moult mal gré aus autres qui feroient le contraire. Donne a Maubuisson delez pontoise le xxvie jour de mars lan de grace mil trois cens trente e nuef ».

2748 Avignon, 27 mars 1340.

Comiti Palatino et Paulo de Comite mandat ut castrum Setiae in provincia Maritimae situm ab eis occupatum, ad vitandas graves poenas contra invasores et occupatores bonorum et jurium Romanae Ecclesiae a Joanne XXII editas, Neapoleoni de Tibertis, rectori ejusdem provinciae, libere restituant et dimittant; alias ad publicationem et aggravationem dictarum poenarum ipse rector procedat. (Litt. clausa. Reg. Vat. 135, f° 19 r°, n. LXIIII; Theiner, *Cod. diplom.* II, n. 97, text.).

« *Dilectis filiis nobilibus viris Benedicto Gaitani, comiti Palatino et Paulo de Comite.* Displicibili admodum insinuatione. — Datum Avinione, VI kalendas aprilis, anno sexto ».

2749 Avignon, 27 mars 1340.

Rectori Campaniae Maritimaeque mandat ut praedictos Benedictum Gaitani et Paulum de Comite moneat et inducat ut castrum Setiae quod occuparunt ei restituant et assignent; quod si facere recusaverint contra eos spiritualiter et temporaliter procedere non omittat. (Litt. pat. Reg. Vat. 135, f° 19 v°, n. LXV.).

« *Eidem rectori*. Nuper intelleximus displicenter. — Datum ut supra ».

2750 Avignon, 28 mars 1340.

Campaniae et Maritimae rectori mandat ut cum ipse Lallo de Campanistris exititio civitatis Aquilanae, rebelli et exbandito regis Siciliae, ejusque genero certa officia in Urbe et in Campania commiserit, hoc retractet et de caetero a similibus se abstinere procuret; nam de inimicis et rebellibus dicti regis minime Ecclesia Romana confidere potest, sed auxilio et favore ipsius regis fulciri eam oportet. (Litt. clausa. Reg. Vat. 135, f° 20 v°, n. LXVII).

« *Dilecto filio Neapoleoni de Tibertis, priori domus Venetiarum Hospitalis S. Johannis Jerosolimitani, Campaniae Maritimeque rectori.* Intelleximus quod Lallum. — Datum Avinione, V kalendas aprilis, anno sexto ».

2751 Avignon, 29 mars 1340.

Nuntiis apostolicis in partibus Hungariae mandat ut fructus, redditus et proventus canonicatus et praebendae ac praepositurae Waradiensis, Strigonien. et Bachien. ecclesiarum, ac aliorum nonnullorum beneficiorum ecclesiasticorum regni Hungariae, quae vacaverunt a tempore generalis reservationis dudum factae fructuum, reddituum et proventuum omnium beneficiorum quorumlibet apud Sedem Apostolicam vacantium, vel quae adhuc vacant, aut inposterum vacabunt et ad Sedis Apostolicae dispositionem pertinent vel pertinebunt, pro toto tempore vacationis exigere, colligere ac recipere possint. Contradictores, etc.. « Per hec autem commissioni generali ... Johanni, episcopo Avinionen., thesaurario nostro, super collectione dictorum fructuum... non intendimus in aliquo derogare ». (Litt. pat. Reg. Vat. 135, f. 20 r°, n. LXVI; Theiner, *Monum. Hung.* I, n. 956 text.).

« *Dilectis filiis magistris Galhardo de Carceribus, preposito Titulen., Colocen. diocesis, et Petro Gervasii, canonico Anicien. ecclesiarum, in partibus regni Ungarie Apostolice Sedis nuntiis.* Dudum certis causis. — Datum Avinione, IV kalendas aprilis, anno sexto ».

ANNUS SEXTUS

2752 — Avignon, 29 mars 1340.

Franciscum Montis, mercatorem societatis Azayalorum quittat de summa quinque millium floren. auri a papa ad emenda blada pro eleemosyna facienda pauperibus Urbis intolerabili fame constrictis destinata, ac eidem Francisco tradita, et a Petro Joannis, mercatore ejusdem societatis Joanni Pignottae, episcopo Anagnino, papae in Urbe vicario, Petro Laurentii, altarario basilicae principis apostolorum et procuratori mag. Guigonis de Sancto Germano, papae notario, rectori Patrimonii, per quos distributio pauperibus fieri debet, transmissa. (Litt. pat. REG. VAT. 135, f° 22 v°, n. LXXII).

« *Dilecto filio Francisco Montis de Azayolis, mercatori et socio societatis Azayolorum de Florentia in Romana curia commoranti*. Pridem non sine. — Datum Avinione, IIII kalendas aprilis, anno sexto ».

2753 — Avignon, 29 mars 1340.

Gundisalvo Pereira, archiepiscopo Bracharen. mandat ut informet se si certa beneficia reservata a Joanne XXII vacaverunt, ut dicunt, et si ipsa, de quorum valoribus et conditionibus informationem facere et Sedi Apostolicae mandare debebit, vacasse post reservationem repererit, sub manu apostolica recipiat et super eorum fructibus provideat indemnitatibus Camerae apostolicae. (Litt. pat. REG. VAT. 135, f. 23 r°, n. LXXIIII.).

« *Venerabili fratri Gundisalvo, archiepiscopo Bracharen*. Olim fel. record. Johannes papa XXII, predecessor noster, volens de beneficiis ecclesiasticis infrascriptis, si tunc vacabant, vel cum ea primo vacare contingerit per apostolice Sedis providentiam ordinari, beneficia ipsa, videlicet decanatum ecclesie tue Bracharen., XVII kalendas julii, pontificatus sui anno octavo ; beneficia Alfonsi Pelagii, scolastici ecclesie Ulixbonen., v kalendas decembris eodem anno sui pontificatus predicti, beneficia Laurentii Stephani et Petri Pelagii, canonicorum Elborensium, IIII kalend. augusti pontificatus predicti anno decimo ; beneficia Stephani Dominici de Areis, canonici Portugalen., x kalend. januarii, pontificatus ejusdem anno terciodecimo ; prioratum milicie hospitalis Sancti Johannis in Portugalia, II idus octobris dicti pontificatus anno quartodecimo ; beneficia Dominici Dominici, canonici Portugalen., IIII nonas octobris pontificatus predicti anno quintodecimo ; beneficia Dominici Martini, decani ecclesie Portugalen., quartodecimo kalendas aprilis pontificatus ejusdem anno sextodecimo ; canonicatum et prebendam quos in eadem ecclesia Portugalen. obtinebat Johannes Michaelis, canonicus Portugalen., nonis januarii predicti pontificatus eodem anno sextodecimo ; et beneficia Petri Johannis, procuratoris tui, v kalendas octobris ejusdem pontificatus anno decimoseptimo, dispositioni sue ac Sedis ejusdem ea vice apostolica auctoritate reservans, decrevit extunc irritum et inane [etc.. Sequitur mandatum, ut supra dictum est]. — Datum Avinione, IIII idus aprilis, anno sexto ».

2754 — Avignon, 1er avril 1340.

Securus conductus ad quinque menses conceditur nonnullis principibus Alamanniae, nunciis Ludovici de Bavaria ad papam destinatis, « dummodo nuncii et familiares numerum sexaginta personarum non excedant, nec sint de heresi nominatim condempnati ». (Litt. pat. REG. VAT. 135, f. 97 v°, n. CCLXII ; REG. AVEN. 54, f. 22 v° ; REG. VAT. 128, n. 7 de cur. ; Riezler, n. 2074 anal. ; Vidal, n. 8234).

« *Venerabilibus fratribus archiepiscopis et episcopis, et dilectis filiis electis, abbatibus, ceterisque prelatis ; capitulis quoque et conventibus ecclesiarum et monasteriorum ; necnon nobilibus viris ducibus, marchionibus, comitibus et baronibus ; universitatibus et communibus, et singularibus personis civitatum, castrorum et aliorum locorum ad quos presentes littere pervenerint*. Cum Ludovicus de Bavaria. — Datum Avinione, kalendis aprilis, anno sexto ».

2755 — Avignon, 2 avril 1340.

Daumet, 713 ; Raynaldi, ad ann. 1340, n. 21-24, fragm.

2756 — Avignon, 7 avril 1340.

Ludovico de Bavaria mittit tam suas quam regis Franciae litteras super conductu nuntiorum ipsius Ludovici ac principum Alamanniae pro reconciliatione ipsius Ludovici mittendorum. Ipsos numtios usque ad festum Pentecostes expectabit et si tunc non venerint ulterius papa contra eum procedet. (Litt. clausa. Reg. Vat. 135, f. 97 r⁰, n. cclxi; Raynaldi, ad ann. 1340, n. 67-68 text.).

« *Magnifico viro Ludovico de Bavaria spiritum consilii sanioris.* Pleno collegimus intellectu que presentate nobis nuper tue littere continebant ; et licet pro eas petieris litteras dé securo conductu pro nuntiis tuis et principum Alamannie se jus habere in electione imperii dicentium, super negotio reconciliationis tue ad nostram presentiam destinandis, quia tamen ex preteritis haberi solet conjectura verisimilis de futuris, per ea que circa negotium reconciliationis ejusdem acta, postquam divina miseratio nos ad apicem summi apostolatus provexit, per te fuerunt hactenus, sicut nosti, et in Alamannie partibus contra Deum et suam sanctam Ecclesiam attemptata, et etiam jugiter, sicut habet rumor implacidus, attemptantur, spes non datur quod ad obtinendum reconciliationem hujusmodi te vera et recta intentione disponas, sed veretur potius quod sub colore illius fideles Ecclesie partium illarum per te vel tuos ab ejusdem Ecclesie fidelitate subtractos ad tuam attrahere studeas, sicut de.. Argentinensi episcopo et multis aliis fecisse nosceris obedientiam et sequelam, et ulterius procures vel facias procurari quod in eisdem partibus, in quibus antequam tua perniciosa ibidem vigerent, prodolor, opera, cultus fidei catholice reverenter et salubriter colebatur et ad sacrosanctam Romanam Ecclesiam, matrem omnium fidelium et magistram, salutaris habebatur reverentie plenitudo, multiplicentur errorum et scismatum fermenta execrabilia et dampnanda. Cum, sicut ignominiosa infamia detulit ad Sedem Apostolicam et deferre, quod dolentes referimus, non desinit incessanter, per te ac ministros tuos nonnulli prelati cathedralium et aliarum ecclesiarum, necnon capitula, collegia et conventus alieque persone regulares et seculares ecclesiastice in plerisque Alamannie partibus violare interdicta ecclesiastica, et profanare in locis interdictis divina officia, non sine gravi Dei offensa et animarum periculis et scandalis plurimorum coguntur, in eos qui hec tanquam viri fideles, timorati et catholici facere contradicunt vel renuunt gravibus penis inflictis, et variis cruciatibus et injuriis irrogatis, ut de multis aliis detestabiliter perpetratis, que brevi nequirent explicari sermone, si recitarentur per singula, queve, si non resilires ab eis, te denotarent datum a Deo, tuis peccatis exigentibus, in sensum reprobum presentialiter taceamus. Sane quia salutem tuam teque reduci ad viam veritatis et justitie desiderabiliter affectantes, et experiri volentes si divine pietatis clementia, que omnes querit salvos fieri et neminem vult perire, te misericordi respiciens oculo et mentem tuam rore gratie spiritualis infundens [1] revocare ad fructuosam penitentiam dignaretur, et ut remaneamus excusati, si hoc forsan non fieret, apud Deum, mundusque luculenter cognoscat quod per nos et sedem predictam non steterit quominus a deviis ad viam revoceris salutis populusque illarum partium ab imminentibus animarum periculis quibus propter facta tua involutus existere noscitur, liberetur; ecce quod tibi tam nostras quam carissimi in Christo filii nostri Philippi regis Francie illustris opportunas de securo conductu, ut petiisti, litteras pro dictis mittendis nuntiis destinamus [2], intendentes, si te ad reconciliationem promeream, prout decet et expedit, repererimus, nos, quantum cum Deo ac honore, decentia et honestate nostris et Ecclesie fieri poterit exhibere super hiis favorabiles et benignos. Tu vero, ad obtinendam gratiam reconciliationis hujusmodi effectualiter te disponens, vide diligenter et cura quod per te dictosque principes persone devote ac catholice ac de criminibus heresis nullatenus condempnate, que tue salutem anime statumque patrie illius zelentur [3] salubrem et prosperum ad nostram pro premissis presentiam cum mandatis sufficientibus destinentur; nam tales benigne recipere, ac in veniendo, morando et redeundo plena volumus securitate gaudere. Demum scire te volumus quod cum deludi, vel per verba inutilia nolimus protrahi de cetero,

1. Raynaldi : *perfundens.*
2. N. 2747, 2754.
3. Raynaldi ; *que statum illius zelentur.*

sicut hactenus delusi fuimus et protracti, mittendos hujusmodi nuncios usque ad instans proximum festum Pentecostes tantummodo disponimus expectare, processuri, si tunc venerint, super eodem reconciliationis negotio, sicut Dominus ministrabit ; alias autem, si infra dictum terminum forsitan non venissent, ex tunc, eis non expectatis amplius, procedere aliter intendimus, prout secundum Deum et justitiam videbimus expedire. — Datum Avinione, vii idus aprilis, anno vi ».

2757   Avignon, 9 avril 1340.

Daumet, 714.

2758   Avignon, 17 avril 1340.

Daumet, 715-716.

2759   Avignon, 21 avril 1340.

Daumet, 717.

2760   Avignon, 22 avril 1340.

Firmanos commendat super eo quod calcaneo rebellionis et jugo tyrannicae servitutis excusso ad obedientiam Romanae Ecclesiae redierunt veraciter et perseveranter in ea permanent. Illos hortatur ut in dicta perseverantia firmos se exhibentes et operosos, Joanni de Riparia, rectori Marchiae, assistant, eidem castra Montisrubiani, Montisfortini et Casingnani per eos occupata et ad Ecclesiam Romanam spectantia restituendo. (Litt. clausa. REG. VAT. 135, f° 26 r°, n. LXXVIII).

« *Dilectis filiis communi et universitati civitatis Firmane nostris et Ecclesie Romane fidelibus et devotis*. Gaudemus de vobis. — Datum Avinione, x kalendas maii, anno sexto ».

2761   Avignon, 22 avril 1340.

Joanni de Amelio et rectori Marchiae dicit quod, licet expediens pontifici videretur ut cum Firmanis agatur mitius donec cepta negotia magis fuerint solidata, quia tamen ipsi in schola experientiae constituti personarum conditiones et statum negotiorum noscant, matura deliberatione mutua et cum fidelibus quibusdam habita, super factis praedictis quid utilius cognoverint exsequantur, officia vel commissa sibi negotia discrete adimplentes. Littera Firmanis directa praesentibus interclusa mittitur. (Litt. clausa. REG. VAT. 135, f° 26 v°, n. LXXIX.).

« *Dilectis filiis magistro Johanni de Amelio, archidiacono Forojulien., clerico Camere nostre, apostolice Sedis nuntio, et Johanni de Riparia, priori domorum Urbis et Pisarum Hospitalis Sancti Johannis Jerosolimitani, Marchie Anconitane rectori*. Nuper tuis, fili archidiacone, receptis litteris de factis civitatis et hominum Firmanorum et Anchonitane Marchie facientibus mentionem et contentis in eis plenius intellectis, licet nobis videatur expediens ut cum eisdem Firmanis agatur mitius donec cepta negotia magis fuerint solidata, quia tamen vos in scola experientie constituti personarum conditiones et status negotiorum partium illarum novisse debetis plenius, discretioni vestre relinquimus ut quod deliberatione mutua et cum fidelibus de quibus vobis videbitur habita cognoveritis exequi fideli adhibita diligentia studeatis : summopere precavendo quod tu, fili rector, officium tuum, tu, archidiacone predicte, que tibi juxta potestatem per nos tibi concessam incumbunt gerenda sic exercere discrete curetis quod mixta hujusmodi officia non turbentur, sed potius, prout ad utrumque vestrum pertinuerit, prospere previa provida deliberatione consilii dirigantur : rescripturi nobis que per vos et vestrum quemlibet acta super predictis fuerint et alia que vobis de illis partibus occurrerint nuncianda. Rursus eisdem Firmanis per alias litteras [1] quas vobis mittimus cum presentibus scribimus juxta formam quam cedula continet presentibus interclusa. — Datum Avinione, x kalendas maii, anno sexto ».

2762   Avignon, 22 avril 1340.

« *Dilecto filio nobili viro Giraudo de Sancto Marcello, militi Vapincen.* : conceditur indulgentia in articulo mortis plenaria ».

---

1. N. 2760.

« Provenit ex tue. — Datum Avinione, x kalendas maii, anno sexto ». (Litt. pat. REG. AVEN. 54, f° 218; REG. VAT. 128, n. 449; REG. VAT. 135, f. 125 r°, n. CCCXXXI; Vidal, 7980).

2763   Avignon, 23 avril 1340.

« *Dilectae in Christo filiae Petronillae, relictae quondam Bernardi Pelhissardi, laici, viduae Caturcen. dioec.* — conceditur indulgentia in articulo mortis plenaria. « Provenit ex tue. — Datum Avinione, IX kalendas maii, anno sexto ». (Litt. pat. REG. AVEN. 54, f° 218; REG. VAT. 128, n. 447; REG. VAT. 135, f. 125 r°, n. CCCXXXII; Vidal, 7981).

2764   Avignon, 29 avril 1340.

Joanni de Pererio, cui per alias litteras jam commissum est ut ab inquisitoribus in Tuscia auctoritate apost. deputatis rationes audiat de bonis mobilibus et immobilibus quae ad inquisitionem ipsam ratione confiscationum provenerunt, necnon ut partes, scilicet tertiam de immobilibus et duas de aliis bonis praedictis ad Cameram apostol. Joanne XXII ordinante destinatas reciperet nomine dictae Camerae, mandat ut dictam commissionem circa inquisitores qui tempore Joannis XXII vel papae Benedicti fuerunt ibidem vel sunt, aut erunt, officio suo durante, nullo privilegio obstante, exsequatur. (Litt. pat. REG. VAT. 135, f° 27 r°, n. LXXX.).

« *Dilecto filio Johanni de Pererio, canonico Forojulien.* Dudum tibi exigendi. — Datum Avinione, III kalendas maii, anno sexto ».

2765   Avignon, 29 avril 1340.

Hugonem Rogerii deputat vicemarescallum Rom. curiae, non obstante quod Berengario Cotarelli officium marescalliae dudum duxerit deputandum. (Litt. pat. REG. VAT. 135, f° 27 v°, n. LXXXI).

« *Dilecto filio magistro Hugoni Rogerii, civi Avinionen., juris civilis professori, vicemarescallo Romane curie.* Licet dudum dilectum. — Datum Avinione, III kalendas maii, anno sexto ».

2766   Avignon, 6 mai 1340.

Daumet, 718.

2767   Avignon, 7 mai 1340.

Benedictus XII revocat omnia si quae scripsit aut dixit contra fidem catholicam. (Armar. XXXIV, t. 2 A, f° 22 r°).

« In Dei nomine Amen. Noverint universi quod anno a Nativitate Domini M° CCC° XL°, indictione VIII, die VIIa mensis maii, pontificatus Sanctissimi patris et domini nostri, Domini Benedicti divina providente clementia pape XII anno sexto, in presentia reverendorum patrum dominorum sancte Romane Ecclesie cardinalium, ac mei notarii et testium subscriptorum ad hoc specialiter vocatorum et rogatorum, idem sanctissimus pater dominus Benedictus papa XII in sua perfecta existens memoria, licet eger corpore, palam et publice dixit et asseruit quod ipse ante papatum et post, tanquam magister in sacra pagina aut alias multotiens et frequenter ac diversis locis et temporibus multa de sacra scriptura et fide catholica conferendo, disputando et predicando dixit et predicavit, ac multa super eis scripsit, unde si aliqua ex lapsu lingue, ignorantia vel inadvertentia, vel alias quovis modo conferendo, disputando, predicando, vel scribendo, vel alias quovismodo et qualitercumque dixit aut scripsit que sint contra sacram scripturam, fidem catholicam, vel bonos mores, vel contra illa que sancta Romana Ecclesia tenet, docet aut predicat, quia vix aut nunquam actus hominis possunt esse perfecti : idcirco omnia et singula per eum contra dictam sacram scripturam, fidem catholicam, vel bonos mores, aut contra illa que dicta sancta Romana Ecclesia tenet, docet aut predicat, dicta predicata vel scripta ex certa scientia revocavit et annullavit et voluit pro cassis, revocatis et nullis haberi. Et nichilominus omnia per ipsum quocumque tempore dicta, predicata et scripta ac integritatem fame sue sponte, scienter et libere ex nunc sub correctione sancte Sedis Apostolice et successorum suorum supposuit et supponit.

Actum Avinione, in Camera turris nove ubi tunc dictus dominus papa jacebat, anno, die, mense, indictione et pontificatu predictis. Presentibus reverendis in Christo patribus dominis Petro Penestrin., Gancelmo Albanen. episcopis, Petro, tituli Sancte Praxedis, Gotio, tituli sancte

Prisce, Bernardo, tituli Sancti Ciriaci in Termis, Bertrando, tit. S. Marchi, Guillelmo, tit. sanctorum Quatuor Coronatorum, presbiteris, Jacobo, Sancti Georgii ad Velum aureum, diacono cardinalibus, Gasberto, Arelaten. archiepiscopo, Johanne, Avinion., Gaufrido, Regen. episcopis, Johanne de Arpadella, Guillelmo de Campis, Johanne Piscis, capellanis dicti domini nostri Pape, Petro Villaris, archidiacono Montismirabilis in ecclesia Albien., Guillelmo de Bos et Michaele Ricomanni, clericis Camere dicti domini nostri pape et pluribus aliis testibus ad premissa vocatis et rogatis [1].

2768 Avignon, 7 mai 1340.

« *Dilecto filio Joanni Engilberti, monaco monasterii Fontisfrigidi, Cistercien. ordinis, Narbonen. dioec.*, poenitentiario nostro » conceditur indulgentia plenaria in articulo mortis. — « Provenit ex tue. — Datum Avinione, nonis maii, anno sexto » (Litt. pat. REG. VAT. 135, f° 125 r°, n. CCCXXXIII.).

2769 Avignon, 18 mai 1340.

Petro Guilhem, episcopo Aurasicen., rectori comitatus Venaissini, cui jam commissum est ut invasores et occupatores bonorum et jurium Romanae Ecclesiae in comitatu praedicto, captivatores et arrestatores personarum, depraedatores et spoliatores rerum, ac alios fidelium molestatores, ut a praedictis desisterent satisfactiones debitas praestando compellerent, rursus mandatur ut praefatos invasores et alios qui a praedictis injuriis committendis non desistunt auctoritate apostolica compescat. (Litt. pat. REG. AVEN. 54, f° 95 v°; REG. VAT. 128, n. 69; REG. VAT. 135, f° 27 v°, n. LXXXII; Daumet, 719 rubr.; Vidal, 8112.).

« *Venerabili fratri Petro, episcopo Aurasicen.* Ex injuncte nobis. — Datum Avinione, xv kalendas junii, anno sexto ».

2770 Le Moncel, 21 mai 1340.

Daumet, 710; Raynaldi, ad ann. 1340, n. 16, fragm.

1. Voir une déclaration semblable à celle-ci, au n° 3274.

2771 Avignon, 25 mai 1340.

Arnaldo Cescomes, archiepiscopo Terraconen., mandat ut, cum alias orta inter Dertusenses et castellanum Empostae hospitalis S. Joannis Hierosolymitani ac fratres et homines hujus castellaniae occasione terminorum civitatis Dertusen. et cujusdam loci vocati Uldecona ad hospitale pertinentis praedictum, dissentione, pontifex exhortatorias ad pacem scripserit eisdem partibus litteras, ipsaeque partes, Henrico de Aste, patriarca Constantinopolitano, et Beltramino Paravicino, episcopo Cumano, Apostolicis nuntiis procurantibus, viros pacis zelatores elegerint ad tractatum firmandum, interim treugis indictis cessatisque bellicis commotionibus ; cum autem treugarum praedictarum terminus in instanti festo Nativitatis S. Joannis Baptistae nequaquam firmata concordia expirare debeat, ipsemet archiepiscopus, ut treugae ipsae usque ad alium terminum prorogentur, et interim cessante bellica commotione per viros electos de reformatione pacis tractetur interponat partes suas. Eidem conceditur potestas dissolvendi colligationes, juramentaque irritandi per quae posset discordia hujusmodi nutriri et pax impediri. (Litt. pat. REG. VAT. 135, f° 28 r°, n. LXXXIII).

« *Venerabili fratri.. archiepiscopo Terraconen.* Ad nostri apostolatus. — Datum Avinione, VIII kalendas junii, anno sexto ».

2772 Avignon, 25 mai 1340.

Dertusenses, resumpta narratione factorum ut in praecedenti, hortatur ut a commotionibus bellicosis divertentes, treugas usque ad alium competentem terminum prorogari, vel de novo inire procurent; et interim viros eligant pacis actores, ac archiepiscopi Terraconen. exhortationibus acquiescant. (Litt. clausa, REG. VAT. 135, f° 29 v°, n. LXXXIIII).

« *Dilectis filiis civibus et hominibus civitatis Dertusen.* Dudum infesti rumoris. — Datum ut supra.

2773 Avignon, 25 mai 1340.

« *Dilecto filio Sancio de Aragonia, castellano castellanie Emposte, hospitalis sancti Johannis Jerosolimitani :* similem dirigit exhortationem. — « Dudum infesti rumoris. — Datum ut supra ». (Litt. clausa. REG. VAT. 135, f° 30 r°, n. LXXXV).

2774 Avignon, 25 mai 1340.

Elionoram, reginam Aragonum, hortatur ut dictos cives Dertusenses inducat ad treugas ineundas ; ipsaque ad concordiam reformandam inducat animum suum, praesertim cum infans Fernandus, marchio Dertusen., filius suus, adhuc in tenera aetate constitutus non sit guerrarum discriminibus implicandus. (Litt. clausa. Reg. Vat. 135, f° 30 r°, n. lxxxvi).

« Carissime in Christo filie Elionori, regine Aragonum illustri. Licet circa sedandam. — Datum ut supra ».

2775-2776   Avignon, 27 mai 1340.

Mag. Bernardo de Lacu concedit ut quamdiu pro prosecutione negotiorum ipsi commissorum Rom. Ecclesiae obsequiis insistet, fructus beneficiorum suorum absque residentia percipere valeat.

« Dilecto filio magistro Bernardo de Lacu, canonico Ruthenen., juris civilis professori, apostolice Sedis nuntio. Ex tue devotionis. — Datum Avinione, vi kalendas junii, anno sexto ».

Judicibus : Dilectis filiis.. priori de Longavilla, Rothomagen. dioc., et.. Elnen., ac.. s. Sereni Caturcen. archidiaconis ecclesiarum. Mandamus quatinus. — Datum ut supra ».

(Litt. pat. Reg. Aven. 54, f. 286 ; Reg. Vat. 128, n. 267 ; Reg. Vat. 135, f. 122 r°, n. cccxvii-cccxviii. Vidal, 8113).

2777-2778   Avignon, 30 mai 1340.

Daumet, 721 ; Raynaldi, ad ann. 1340, n. 17, fragm.
Daumet, 722.

2779   Avignon, 31 mai 1340.

Regem Portugalliae deprecatur ut ad hoc ut papa super discordiis et guerris inter ipsum Portugalliae ac Castellae reges possit cognoscere, potestatem plenariam tam super discordiis et guerris hujusmodi quam super matrimoniis et sponsalibus inter infantem Petrum, primogenitum ipsius regis Portugalliae ac Blancam de Castella primo et subsequenter inter ipsum primogenitum ac Constantiam, natam Johannis Emmanuelis, contractis per litteras regias, prefati primogeniti interveniente consensu, eidem papae mittat. (Litt. clausa. Reg. Vat. 135, f° 30 v°, n. lxxxvii).

« Carissimo in Christo filio Alfonso, regi Portugalie illustri. Ad pacis tranquillitatem propagandam in omnes et inter singulos pro viribus procurandam nostrum ab annis teneris pacis actor direxit affectum. Licet igitur affectioni hujusmodi necessitatem debitam officii pastoralis adiciens ad horum prosecutionem nos cunctos astringat, ad procurandum tamen inter te et carissimum in Christo filium nostrum Alfonsum, regem Castelle illustrem, pacis commoda et discordiarum impedimenta tollenda multiplex ratio et benivolentia singularis nos specialiter invitavit ; propter quod dilectum filium nostrum Bertrandum (sic), tituli sancti Ciriari in Thermis presbiterum cardinalem, tunc episcopum Ruthenen., apostolice Sedis nuntium, ad tuam et ejusdem regis Castelle presentiam tanquam pacis angelum personaliter duximus destinandum, te dictumque regem Castelle per diversas litteras nostras et per eundem nuntium paternis affectibus et salubribus monitionibus inducentes quantum in nobis fuit ad concordie unitatem per te dictumque regem Castelle fugatis odiorum zizaniis amplectendam. Cujus siquidem nuntii inductionibus seu requisitionibus ex parte nostra factis inter alia, sicut ex tenore cujusdam publici instrumenti tuo sigillo muniti quod ad Romanam curiam destinasti collegimus, respondisti quod ob reverentiam Sedis Apostolice, cui tanquam filius catholicus retroactis temporibus obedisti et intendis dante Domino venturis temporibus obedire volebas et assentiebas, intelligens quod predictus rex Castelle, sicut per suos articulos colligi poterat, ut dicebas, a te emendam pecuniariam exigere intendebat, quod nos causas et rationes ex quibus hujusmodi guerra et discordia exorte fuerant juxta juris formam examinaremus diligenter vel alias summarie et de plano, prout nobis expediens videretur, tam super detentione dilecte in Christo filie nobilis domicelle Constantie nate dil. filii nob. viri Johannis, nati quondam infantis Emanuelis, dilecto filio nobili viro infanti Petro, primogenito tuo, sicut asseris desponsate, quam super aliis pluribus injuriis et gravaminibus tibi per dictum regem Castelle, sicut asserebas, illatis indebite et injuste, que te ad faciendum guerram quam fecisse diceris movere non immerito debuerunt; necnon super emenda que hinc inde fieri petitur ordinemus et sententiemus sicut viderimus expedire, illum quem ratione guerre predicte vel ejus occasione culpabilem reperiremus cum moderamine, si quod nobis videbitur, in emenda pecuniaria condemnando; ac nichilominus ad presentiam nostram nuntios tuos cum quodam procuratorio tuo sigillo munito ad compromittendum nomine tuo et successorum tuorum in nos tanquam in judicem et arbitrum de et super discordiis quibuscumque que sunt aut quomodolibet esse possunt inter te et prefatum regem Castelle, et super hiis etiam que occasione earum subsecuta fore noscuntur, et super emenda pecuniaria, que ratione discordiarum atque guerre predictarum ab utraque dictarum partium vel altera earumdem peteretur ad nostram presentiam destinasti. Cum autem idem rex Castelle tam per nuntios suos ad nostram presentiam destinatos quam per patentes litteras ejus sigillo munitas super guerra et discordia inter eum et te dudum exorta, et super dampnis et malis que tu terre sue sicut idem rex asserit intulisti et dampnis etiam que per eum ex culpa sua tibi invenirentur illata, ac etiam super matrimonio quod, sicut idem rex Castelle asserit, dudum contractum extitit inter dilectam in Christo filiam nobilem domicellam Blancam, natam quondam infantis Petri de Castella cum dicto infante Petro primogenito tuo, confectis inde litteris magnorum interpositione pactorum et penarum adjectionibus roboratis, quae ratione se asserit dictam Blancam cum omnibus bonis suis ad te dictumque tuum primogenitum destinasse pro custodiendo et conservando jure dicte Blance, ac etiam suo et ejusdem Blance honore, super omnibus supradictis et quolibet eorumdem de conscientia nostra confisus nos judicem suum fecerit ut de hiis omnibus et eorum quolibet cognoscamus et expediamus inter eum et te per viam juris vel alio modo, sicut nobis placuerit faciendum; promittens firmum habere quod super premissis et eorum quolibet per nos sententiatum fuerit et etiam expeditum; ac in predictis litteris et procuratorio per te nobis missis nulla de hujusmodi matrimonio seu sponsalibus per dictum primogenitum tuum cum dicta Blanca contractis mentio habeatur et pro tractanda super premissis omnibus et singulis utrinque concordia expediat, et ab utraque parte habeamus sufficientem et plenariam potestatem, serenitatem tuam solicitandam providimus et etiam requirendam quatinus prudenter attendens quod hujusmodi discordia inter prefatum regem Castelle et te tanta tibi regnorum suorum vicinitate conjunctum tantaque necessitudine affinitatis et consanguinitatis astrictum non solum tibi et regi prefato ac tuo et ejusdem regis Castelle regnis et subditis, sed etiam toti christianitati est periculosa plurimum et nociva, quodque ex tali discordia preter alia innumerabilia et immensa discrimina que, quod advertat Altissimus, possent exinde verisimiliter provenire tua tuorumque potentia propter intestina et vicina dissidia non mediocriter debilitari posset et ledi, et Agarenorum hostium fidei robur et audacia augmentari, ad unitatis bonum cum dicto rege Castelle tuam coaptans et preparans voluntatem, ad hoc ut de premissis omnibus et singulis possimus cognoscere eaque judicio seu concordia terminare potestatem plenam et sufficientem tam super premissis discordiis atque guerris quam etiam super dictis matrimoniis seu sponsalibus, que per dictum primogenitum tuum cum dicta Blanca prius et postmodum cum dicta Constantia dicuntur successive contracta per patentes litteras tuas, expresso in eis ad hoc ejusdem primogeniti tui interveniente consensu, quantocius nobis mittas ut judicium nostrum, seu id quod super premissis auctore Domino salubriter duxerimus ordinandum ex potestatis defectu nobis tradite in aliquo non vacillet, sed plenam Deo propicio recipiat firmitatem. Ad hec etiam que dictorum matrimoniorum contractus contingunt per judicium Ecclesie declaranda per te ipsum deberes esse diligens, vigilans et intentus pro eo quod dictus tuus primogenitus legitima caret prole et licet duabus sponsis dicatur matrimoniali vinculo alligatus, caret tamen utraque, et ideo propter successionis periculum quod posset, si idem primogenitus tuus non haberet heredem, quod absit, proculdubio resultare, omnino expedit circa futura precavenda pericula ut id quod juris fuerit super hiis per apostolice sedis judicium decernatur; ad quorum premissorum terminationem et expeditionem auctore Domino faciendam sufficienti ut premittitur per litteras tuas potestate recepta offerimus nos gratis desideriis preparatos; te certum nichilominus exhibentes quod nisi a circumspectione tua dictoque primogenito tuo super premissis et maxime super dictis matrimoniis, seu sponsalibus per dictum primogenitum tuum cum Blanca primo, et postea cum Constantia prefatis successive contractis, sufficientes procuratores habentes ad hec a te dictoque primogenito tuo plenum sufficiens et speciale mandatum receperimus, ad terminationem premissorum et pacem et concordiam inter te dictumque regem Castelle procurandam pariter et firmandam non poterimus cum efficatia et debita firmitate que in talibus omnino requiritur adhibere oportune diligencie et solicitudinis interventus. Ceterum quia ejusdem cardinalis relatione didicimus quod treuge inter te dictumque regem Castelle indicte ultra festum beati Michaelis proximo venturum minime extenduntur, ne quod absit dictis treugis finitis tractatus concordie inter te et regem prefatum ad quem Deo propicio desideranter intendimus valeat impediri, celsitudinem tuam rogandam duximus et hortandam ut predictas treugas tu dictusque rex Castelle, cui super prorogatione treugarum hujusmodi similes litteras destinamus, usque ad unum annum a dicto festo beati Michaelis inantea computandum prorogare velitis; vel nobis tu dictusque rex per litteras vestras prestetis assensum ut nos hujusmodi treugas usque ad pretactum tempus prorogare possimus, ut medio tempore inter te et regem prefatum firmam pacem et concordiam tractare et perficere Deo propicio valeamus. — Datum Avinione, II kalendas junii, anno sexto ».

2780 Avignon, 2 juin 1340.

Daumet, 723.

2781 Avignon, 2 juin 1340.

Bernardo de Lacu mandat ut testamentum Marsilii de Carraria, qui magnam partem fructuum monast. S. Justinae Paduanae. O.S.B., per suam potentiam occupaverat, sed ad suae animae salutem procurandam summam XXII millium florenorum auri monasterio ipso legasse dicitur, sibi exhiberi faciens summamque ipsam integraliter colligens et recipiens ac conservans, adhibitis quibusdam probis viris peritis in talibus qualiter et in quibus usibus ad majorem utilitatem monasterii ipsius pecunia hujusmodi dispensari utilius possit quaerat[1]. (Litt. pat. Reg. Vat. 135, f° 33 r°, n. LXXXIX).

« *Dilecto filio magistro Bernardo de Lacu, canonico Ruthenen., juris civilis professori, apostolice Sedis nuntio.* Nuper relatu percepimus. — Datum Avinione, IIII nonas junii, anno sexto.

2782 Avignon, 2 juin 1340.

Eidem nuntio mandat ut fructus monasterii Sanctae Justinae praedicti, quod diu vacavit, qui toto tempore vacationis ejusdem provenerunt et supportatis ipsius monasterii oneribus supersunt, seu pretium eorum si venditi fuerunt aut distracti, informatione praevia, colligat et recipiat nomine papae, assignantes quittando. (Litt. pat. Reg. Vat. 135, f° 33 v°, n. XC.).

« *Eidem nuntio.* Cum monasterium Sancte Justine. — Datum Avinione, ut supra ».

2783 Avignon, 2 juin 1340.

Richardo de Multisdenariis mandat ut de injuriis, violentiis, concussionibus, oppressionibus et extorsionibus a Guillelmo de Duroforti, jurisperito Nemausen. dioec., olim judice criminali comitatus Venaissini commissis inquirat atque in eum judicia exerceat. (Litt. pat. Reg. Aven. 54, f° 285 v°; Reg. Vat. 128, n. 266 bis; Reg. Vat. 135, f° 34 r°, n. XCI; Vidal, 8174; Daumet, 724, incompl.).

« *Dilecto filio Richardo de Multisdenariis de Cremona, jurisperito.* Insinuatione clamosa multorum. — Datum Avinione, IV nonas junii, anno sexto ».

2784 Avignon, 6 juin 1340.

Daumet, 725-726. Adde primae: reservationem x *kalendas maii proxim. praet. decretam.*

1. Voir plus loin, n. 2914.

2785   Avignon, 7 juin 1340.

Joanni de Amelio mandat ut officium correctionis officialium terrarum Romanae Ecclesiae in Italia subjectarum prudenter exercens, de appellationibus quae a rectoribus terrarum ipsarum et curiis earumdem ad Sedem Apostolicam factis, sicut moris est, eas impediendo contra voluntatem papae, nullatenus se intromittat. (Litt. clausa. REG. VAT. 135, f° 34 v°, n. XCIIII).

« *Dilecto filio magistro Johanni de Amelio, archidiacono Forojulien., clerico Camere nostre, apostolice Sedis nuntio*. Intelleximus displicenter quod. — Datum Avinione, VII idus junii, anno sexto ».

2786   Avignon, 7 juin 1340.

Rectori Campaniae Maritimaeque mandat ut super bonis monasterii de Marmaciolo, ord. Cist., Velletren. dioec., videlicet bobus, porcis, capris, bladis necnon libris, et quadam cruce argentea ac una patena argenti deaurata, et aliis bonis a Jacobo, abbate ipsius monasterii venditis, pretiis inde habitis minime in utilitates monasterii conversis, informationem recipiens, indebite sic alienata cum integritate restituere faciat, abbati districtius inhibendo ne bona monasterii sui de cetero alienare praesumat. Vicario autem spirituali ejusdem rectoris mandat ut contradictores super hoc et rebelles per censuras compescat. (Litt. pat. REG. VAT. 135, f° 35 r°, n. XCV).

« *Dilectis filiis Neapoleoni de Tibertis, priori domus Venetiarum hospitalis S. Johannis Jerosolimitani, provinciarum Campanie Maritimeque rectori et ejus.. vicario in spiritualibus provinciarum predictarum*. Perlatum nuper extitit. — Datum Avinione, VII idus junii, anno sexto ».

2787   Avignon, 8 juin 1340.

Vicerectori Beneventano mandat ut de bonis mobilibus quond. Guillelmi, abbatis monast. S. Sophiae Beneventanae, O.S.B., se informans, eadem integraliter colligat et sub manu papae conservet quousque pontifex aliud ordinaverit ; cum potestate absolvendi quittantes. Interim vero de his quae receperit necessitatibus monasterii et servitorum ejusdem, sicut per abbates consuevit fieri, consulat. (Litt. pat. REG. VAT. 135, f° 35 v°, n. XCVI).

« *Dilecto filio Arnulpho Marcellini, canonico Agenen., civitatis Beneventane vicerectori*. Volentes de bonis. — Datum Avinione, VI idus junii, anno sexto ».

BENOIT XII. — T. II.

2788   Avignon, 9 juin 1340.

Regem Aragonum quittat de duobus millibus marcharum argenti quotannis ab eo pro censu regni Sardiniae et Corsicae Rom. Ecclesiae solvendis, et in termino festivitatis b. Apost. Petri et Pauli, in novem millibus florenis auri (marcha pro quatuor florenis auri cum dimidio computata) per manus Hugueti Desvilas, mercatoris Valentin., die secunda mensis maii prox. praet. (7.400 flor.) et die datae praesentium (1.600 fl.) solutis ; cum absolutione a sententia excommunicationis incursae ob non solutionem dicti census in termino ultimo prorogato. (Litt. pat. REG. VAT. 135, f. 36 r°, n. XCVII).

« *Carissimo in Christo filio Petro, regi Aragonum et Sardinie illustri*. Cum pro regno. — Datum Avinione, V idus junii, anno sexto ».

2789   Avignon, 10 juin 1340.

Vicerectori ducatus Spoletani mandat ut si forsan commune civitatis Reatinae, rocham Accharini et Arronis, Lacus, Bonaquisiti et Gavelli castra restituere Romanae Ecclesiae recusaverint, ipse poenis spiritualibus et temporalibus usque ad plenam dimissionem et restitutionem contra eos et alios dictae rochae et castrorum detentores procedat. (Litt. pat. REG. VAT. 135, f° 36 v°, n. XCVIII ; Theiner, *Cod. diplom.* II, n. 98 text.).

« *Venerabili fratri Thome, episcopo Anconitano, vicerectori ducatus Spoletani*.

Fidedigne relationis assertio dudum ad audienciam nostram perduxit quod dilecti filii Commune civitatis Reatine Rocham Accarini et Arronis, Lacus, Bonaquisti et Gavelli castra de comitatu et districtu civitatis Spoletane nobis et Ecclesie Romane immediate subjecte, consistentia violenter et indebite occuparant, eaque detinebant in nostrum et Ecclesie memorate ac civitatis prefate manifestum prejudicium occupata. Nos attendentes, quod talia, que juris et rationis equitati obviant et cedunt in scandalum plurimorum, non erant aliquatenus tolleranda, dictis Communi per litteras nostras eos monendo, requirendo et hortando scripsimus, ut ad requisitionem et mandatum dilecti filii magistri Raimundi de Pojolis, archidiaconi Petragoricen., tunc ducatus Spoletani rectoris, rocham et castra predicta dimittere ac restituere plene studerent : prefato rectori per alias dantes nichilominus litteras in mandatis, ut si commune prefati eisdem monitionibus et requisitionibus obtemperare recusarent forsitan cum effectu per ipsum requisiti et moniti, rocham et castra predicta non dimittendo et restituendo plenarie infra certum terminum peremptorium competentem, per eundem rectorem sibi super hoc prefigendum, penis spiritualibus et temporalibus, de quibus videretur eidem, usque ad plenam dimissionem et restitutionem hujusmodi, ac satisfactionem pro premissis et ea tangentibus debitam, contra prefatos commune ac alios quoslibet dictorum roche et castrorum injuriosos detentores procedere, appellatione postposita, procuraret. Et licet prefatus archidiaconus, tunc rector ducatus predicti, auctoritate litterarum ipsarum sibi, ut premittitur, directarum procedere, ut intelleximus, ceperit juxta continentiam et tenorem earum, quia tamen tunc ab officio rectorie hujusmodi suspensus extitit vel ammotus, ulterius ad actus aliquos processum per ipsum non extitit in premissis. Nolentes igitur, sicut etiam nec debemus, quod hujusmodi negocium remaneat imperfectum, fraternitati tue per apostolica scripta committimus et mandamus quatinus si forsan commune predicti, quibus iterato super predictis scribimus, requisiti et moniti per te rocham et castra predicta recusaverint, quod absit, restituere ac plene dimittere infra certum terminum peremptorium competentem eis per te super hoc prefigendum, tu penis spiritualibus et temporalibus, de quibus tibi videbitur, usque ad plenam dimissionem et restitutionem predictam et satisfactionem pro premissis et ea tangentibus debitam procedere, appellatione postposita, studeas contra eos et alios supradictorum roche ac castrorum injuriosos quoslibet detentores; non obstante si eis vel eorum aliquibus communiter vel divisim a Sede Apostolica sit indultum quod interdici, suspendi vel excommunicari non possint per litteras apostolicas non facientes plenam et expressam ac de verbo ad verbum de indulto hujusmodi mentionem. Ceterum nostre intentionis existit et volumus, quod tu continuando processus per dictum Raimundum tunc rectorem inceptos, ut prefertur, si eos repereris et eis uti volueris, vel tuos inchoando de novo tam tu, quam quicumque rector futurus in ducatu deputandus predicto auctoritate presentium, quando et quociens tibi vel ei videbitur, procedere super predictis usque ad plenam dimissionem et restitutionem ac satisfactionem predictas absque alterius expectatione mandati plenarie valeatis, non obstantibus omnibus supradictis. — Datum Avinione iiii idus junii, anno sexto ».

2790 Avignon, 10 juin 1340.

Reatinos iterato monet et requirit ut rocham Accharini et Arronis, Lacus, Bonaquisti et Gavelli castra, districtus Spoletani, per eos indebite occupata, secundum prioris mandati tenorem prompte et libere dimittant et restituant. (Litt. clausa. Reg. Vat. 135, f° 37 r°, n. xcix).

« *Dilectis filiis communi civitatis Reatine.* Dudum vobis litteras. — Datum Avinione, iiii idus junii, anno sexto ».

2791 Avignon, 12 juin 1340.

Mag. Bernardo de Lacu committit ut summam duorummillium floren. auri de Florentia, de pecuniis Camerae in partibus Hungariae collectis, a Ladislao Korogh, episcopo Quinqueecclesien., priori et conventui praedicatorum de Venetiis, Castellan., dioec., assignatam, necnon quascumque quantitates pecuniarum auri vel argenti Cameram contingentes de dictis partibus apud Venetias missas vel transmittendas exigere et recipere, assignantesque ea quittare possit. (Litt. pat. Reg. Vat. 135, f° 50 v°, n. cxxvii).

« *Dilecto filio magistro Bernardo de Lacu, canonico Ruthenen., juris civilis professori, Apostolice Sedis nuntio.* Cum sicut intellexerimus. — Datum Avinione, ii idus junii, anno sexto ».

2792 Avignon, 12 juin 1340.

Anno 1340, die 12 junii (anno sexto Benedicti XII), Avinione, in camera dom. papae Gometius Fernandi de Soria, miles et alcaydus, et Rodericus Gonsalvi, archidiaconus de Lara in eccl. Burgen., nuntii et ambaxatores Alphonsi, regis Castellae et Legionis, praesentarunt patentes litteras[1] ejusdem regis confectas super ratificatione, approbatione et confirmatione omnium contentorum in litteris apostolicis[2] de concessione decimae et

1. Cf. Vidal, 8355 : lettre du 10 mai 1340.
2. Vidal, 2315 (12 avril 1335) et 8103-8105 (7 mars 1340)

duarum partium tertiae partis decimarum consuetarum pro fabricis ecclesiarum colligi et levari in regnis et terris dicti regis. Et dom. papa dictas litteras recepit et tenorem litterarum Apostolicarum voluit cum regestro apostolico colligi. Qua collatione facta inventum est dictas litteras cum registro concordare et ratificatio sufficiens visa est. (Armar. XXXIV, t. 2 A, f° 23, lacer.).

2793   Noyon, 13 juin 1340.

Daumet, 727 ; Riezler, 2076, fragm.

2794   Avignon, 16 juin 1340.

Magistro Johanni de Amelio respondet quod ordinationem ab eo factam de tenenda generali curia ducatus Spoletani in castro Ameldulae pontifex ratam habet. Homines vero dicti castri dissidentes ad pacem et unionem studeat revocare. Et nihilominus mandat ei ut si Malatestini ab eo requisiti et moniti castra et loca quae occupant Romanae Ecclesiae restituere recusent, procedat contra eos. (Litt. clausa. REG. VAT. 135, f° 37 r°, n. c ; Theiner, *Cod. diplom.* II, n. 206, text.).

« *Dilecto filio magistro Johanni de Amelio, archidiacono Forojulien., clerico Camere nostre, apostolice Sedis nuntio.* Respondentes ad ea que misse nobis nuper de Romandiola tue littere continebant, illud quod de tenenda generali Ducatus Spoletani curia in castro Ameldule pro tutiori et faciliori ejus custodia ordinatum fore asseris, dummodo propter hoc locus in quo nunc curia ipsa resident non subjiciatur periculis nec alias patiatur detrimentum provincia credimus expedire : nam alia via custodie castri ejusdem, quam in predictis tangebas litteris, nec utilitati Romane Ecclesie congruit, nec honori. Expediens insuper extimamus et nobis erit placitum et acceptum si dicti castri homines, sicut asseris, dissidentes [1], ut uniti fortiores existant ad resistendum hostibus et rebellibus Ecclesie, ad pacem, que caritatis est vinculum, studeas revocare. Ceterum si Malatestini per te requisiti et moniti civitates et loca, que ad nos et Ecclesiam memoratam spectantia tirannice detinent occupata restituere forsitan et alia facere, ad que secundum juris et rationis equitatem

1. Theiner : [sint] dissendentes.

tenentur, recusent, volumus quod tam aggravando processus olim contra ipsos, ut intelleximus, habitos, quam alios oportunos, prout debitum exegerit justitie, faciendo de novo procedatur rationabiliter contra eos, quodque interdictum alias in terris, quas, ut scripsisti, detinent appositum tenaciter observetur. Et idem de aliis tirannis Romandiole prout, si, et quando expedire videbitur, super quo venerabili fratri nostro Raymbaldo [1], episcopo Imolen., rectori ejusdem Romandiole, per alias litteras scribimus, faciendum intelligimus suo modo. Porro super hiis que de libris processuum per te missis posterior predictarum litterarum clausula continebat, faciemus ydonee, prout expedire videbimus, provideri. Denique dilectis filiis communi Perusino, ut a molestatione Eugubinorum cessent indebita per litteras oportunas, sicut petiisti, scribimus [2] quas tibi cum presentibus destinamus. Datum Avinione, XVI kalendas julii, anno sexto ».

2795   Avignon, 16 juin 1340.

Perusinos, qui pro stipendiariis suis equitibus magnas pecuniarum summas exigere pro talliis et collectis ab Eugubinis nituntur, hortatur ut a molestatione praedicta Ecclesiae Rom. injuriosa desistant. Si dicti Eugubini ipsis in aliquo teneantur, officiales Ecclesiae in dicto ducatu Eugubino requirant ut quod juris et rationis fuerit exsequatur, vel ad papam recursum habeant ; alias poenas spirituales et temporales per constitutionem Joannis XXII latas timeant. (Litt. clausa. REG. VAT. 135, f° 37 v°, n. CI ; Theiner, *Cod. dipl.* II, n. 105 text.).

« *Dilectis filiis communi Perusino.* Nuper relatibus fidedignis. — Datum Avinione, XVI kalendas julii, anno sexto ».

2796   Avignon, 16 juin 1340.

Senatoriam Urbis pro papa regentibus mandat ut ad Capitolium de quo propter excessus contra eos commissos descenderunt redeuntes, circa officium senatoriae exercendum intendant. (Litt. pat. REG. VAT. 135, f° 39 v°, n. CV ; Theiner, *Cod. diplom.* II, n. 107, text.).

1. Theiner, *Raymundo.*
2. N. 2795.

« *Dilectis filiis nobilibus viris Tebaldo de sancto Eustachio et Martino Francisci de Stephanescis de Urbe, senatorie officia pro nobis in eadem Urbe gerentibus.* Litteras vestras nuper recepimus continentes quod pro eo quod nos quibus per populum dicte Urbis ad vitam nostram senatorie et capitaneatus officia dicte Urbis, postquam promoti fuimus ad apicem apostolice dignitatis commissa fuerunt, ad exercendum pro nobis in eadem Urbe hujusmodi senatorie officium pro certo nondum finito tempore vos duximus deputandos, contra nobiles viros Franciscum Cerese de Albertescis et Anibaldum Johannis Anibaldi de Monte Compatrum super diversis predis et disrobationibus et captionibus hominum, et aliis eorum excessibus per se et alios de mandato ipsorum in terra et mari perturbando pacificum statum Urbis et impediendo quominus ad dictam Urbem grassia deferri valeret, nequiter perpetratis, prout ad hujusmodi vestra spectabat officia intendebatis procedere, nobiles viri Bertuldus Comes de filiis Ursi et Jacobus de Sabello, de Urbe, contra vos, immo vero contra nos, cujus personam in exercitio commissi nobis officii senatorie hujusmodi representatis, ausu dampnabili arma sumentes cum magna hominum comitiva prefatos Franciscum et Annibaldum secum per Urbem equitare fecerunt, ducentes ipsos prope Capitolium in nostram et senatus Urbis manifestam injuriam et contemptum; et ut vestrum regimen et officium totaliter impedirent dicti Bertuldus et Jacobus ad hoc per se et alios eorum molimina intenderunt, ut prefati Bertuldus Comes et nobilis vir Paulus de Comite in capitaneos populi dicte Urbis, seu alio assumpto vocabulo eligerentur vestrum super hoc requirentes assensum. Et quia vos id facere denegastis, prefati Comes et Paulus de Comite, auxiliante eis dicto Jacobo de Sabello, quibusdam gentibus eorum precibus congregatis ecclesiam sancte Marie de Araceli prope Capitolium consistentem non per ostium, unde communis ad dictam ecclesiam est ingressus, sed per montem posteriorem dicte ecclesie armata manu temere intraverunt se per dictas gentes precarias in Urbis capitaneos eligi suadentes. Quorum detestabilem temeritatis audaciam dilecti filii populus ejusdem Urbis laudabili abhorrentes proposito, ob reverentiam nostram et Senatus ejusdem Urbis honorem contra predictos Comitem et Paulum et gentes eorum precibus procuratas intrepide consurgentes, eos de dicta ecclesia cum magno ipsorum dedecore, sicut accepimus ejecerunt, ipsosque non sine aliquali lesione personarum suarum viriliter fugaverunt ac subsequenter campana communis ejusdem Urbis pulsata, vobis sic potenter, sic magnanimiter in tanta multitudine ob nostram reverentiam occurrerunt, quod nisi vestra prudentia motus ipsius populi in hac parte provide temperasset, in personis illorum suorumque sequacium, qui in dicta Urbe suscitare novitates hujusmodi satagebant, strages fuisset non modica perpetrata. Verum prefati Bertuldus et Jacobus excessus continuantes excessibus vos regere non permittunt, quinimmo vestro regimini se opponunt in castellando turres et fortellicia, et alias multas insolentias committendo, nullam erga nos in hac parte reverentiam ostendendo, nullumque ad personam nostram habendo respectum, sed nos multipliciter offendendo. Ob quorum insolentias, turbationes et scandala status dicte Urbis adeo fore dicitur perturbatus quod vos de Capitolio descendistis. Nos igitur attendentes hujusmodi vestrum de Capitolio prefato descensum, hoc presertim tempore valde dampnosum et periculosum fuisse et esse Urbi prefate, que propterea extunc caruit et caret rectorum regimine oportuno, nobilitati vestre districte precipiendo mandamus quatinus statim post receptionem presentium dictum descensum, quem de dicto Capitolio absque magna causa facere minime debuistis, resumpta fiducia corrigentes, ad dictum Capitolium redeatis, senatorie officium laudabiliter et audacter secundum justitiam exercentes usque ad tempus vestri regiminis prefinitum. Nos insuper dilectis filiis populo dicte Urbis de hiis que fecerunt in auxilium vestrum per speciales litteras nostras, quas eis super hoc dirigimus, gratiarum referimus actiones, affectuose requirentes et rogantes eosdem, ut vobis, prout expedire cognoverint, potenter assistant, ita quod possitis Urbem prefatam salubriter regere, animadvertendo in facinorosos, civibus ejusdem Urbis et maxime oppressis reddento justitiam, dicte Urbis grassiam procurando, et cetera faciendo, que bonum et pacificum statum dicte Urbis, ac quietem et tranquillitatem et pacem civium ipsius respicere dinoscantur. Rursus ven. fratri nostro Raimundo, episcopo Casinen., damus per alias nostras litteras in mandatis, ut statim post receptionem earum ad predictam Urbem, si tute poteris, alioquin ad alium locum dicte Urbi vicinum sibi tutum se personaliter conferens, de premissis simpliciter et de plano, sine strepitu et figura judicii se informet, et si invenerit ita esse, predictos Bertuldum, Jacobum et Paulum, et quoscumque alios vobis reluctantes seu impedimentum prestantes, quominus senatorie officium per nos vobis commissum usque ad prestitum et finitum tempus regiminis vestri possitis libere et pacifice exercere et animadvertere in facinorosos et penis debitis eos punire, quod ab hujusmodi impedimentis omnino desistant, vobisque durante regimine vestro devote obediant, pareant et intendant, per censuram ecclesiasticam et alia juris remedia auctoritate nostra, appellatione remota, compellat, ad graviores penas spirituales et temporales contra eos nichilominus processurus, si hoc eorum proterviam et inobedientiam viderit postulare. — Datum Avinione, xvi kalendas julii anno sexto ».

2797 Avignon, 16 juin 1340.

Populum Urbis commendat de favoribus et auxiliis ab eis praefatis senatoribus impensis, supradictis Bertuldo et Jacobo resistendo. Illos rogat ut dictis senatoribus super regimine dictae Urbis et ad refrenandum insolentes praefatos auxilium praestent. (Litt. pat. REG. VAT. 135, f° 40, v°, n. CVI).

« *Dilectis filiis populo Urbis.* Nuper ad audientiam. — Datum Avinione, xvi kalendas julii, anno sexto ».

2798 Avignon, 16 juin 1340.

Raymundo, episcopo Casinen., resumpta narratione eventuum, ut supra, mandat ut super excessibus et rebellionibus a Bertuldo Comite de filiis Ursi et quibusdam aliis contra senatores praedictos perpetratis se informet ; ipsos perpetrantes ac alios pro commissis puniat et ad obediendum dictis Tebaldo et Martino senatoribus compellat, ad graviores poenas processurus contra eos, si inobedientes sint. (Litt. pat. REG. VAT. 135, f° 41 v°, n. CVII ; REG. AVEN. 305, f° 216, fragm. ; REG. VAT. 128, n. 32 de cur. ; Vidal, 8249).

« *Venerabili fratri Raymundo, episcopo Casinen.* Nuper ad audientiam. — Datum Avinione, xvi kalendas julii, anno sexto ».

2799 Avignon, 16 juin 1340.

Daumet, 728.

2800 Avignon, 19 juin 1340.

Daumet, 729.

2801 Avignon, 19 juin 1340.

Januenses deprecatur ut super conducendis, armandis et muniendis in eorum districtibus galeis contra Sarracenos nuntiis regis Castellae praestent auxilium et favorem ; ac impios Christianos subditos suos ne assistant Sarracenis praedictis probibere procurent. (Litt. clausa. REG. VAT. 135, f° 38 r°, n. CIII ; Raynaldi, ad. ann. 1340, n. 47 fragm.).

« *Dilectis filiis nobili viro Symoni Boccanigra, defensori populi, ac eisdem populo et communi civitatis Januen.* Repleverunt amaritudine mentem nostram sinistri rumores auditi de Ispaniarum partibus hiis diebus : ferunt namque rumores infesti hujusmodi quod pridem Christianorum fidelium et Sarracenorum crudelium exercitibus in mari partium illarum invicem confligentibus, tandem peccatis exigentibus fuerunt ibi pro dolor Christiani devicti, eorum galeis per eosdem Sarracenos destructis vel captis, marique ab utraque parte in potentia Sarracenorum ipsorum non sine magnis Christianitatis periculis remanente. Sane, cum carissimus in Christo filius noster Alfonsus, rex Castelle illustris, videns intumescentem ex premissis Agarenorum superbiam et ad eam conterendam obviandumque periculis antedictis resumptis et coadunatis potentie sue viribus se accingens, pro conducendis galeis et aliis vasis oportunis navalibus dilectos filios

Johannem Petri de Fudis et Andream, nuntios suos, exhibitores presentium ad vos et partes vestras providerit fiducialiter destinandos, universitatem vestram rogamus et in Domino attentius exhortamur quatinus considerantes attente quod si per mare illud Ispanie vasis navalibus Christianis deficientibus panderetur quod absit liber transitus Sarracenis, fidelibus et fidei catholice innumera provenirent prericula, nuntiis dicti regis Castelle super procurandis, conducendis et habendis galeis et aliis vasis navalibus eisque in districtibus vestris armandis et muniendis, non obstantibus statutis contrariis quibuscumque, sed quoad hoc ob ejusdem favorem fidei potius relaxatis, sic promptis et devotis affectibus prestare velitis pro divina et nostra, ac apostolice Sedis, reverentia, auxilium, consilium et favorem quod apud Deum et Sedem eandem commendemini merito, ac regem Castelle prefatum ejusque regnicolas vobis magis constituatis benivolos et amicos. Rursus, cum sicut alias vobis scripsisse meminimus, vox sonet horribilis et insonuerit hactenus vos et civitatem vestram, licet ab hiis sitis quantum ad vos innocentes, ut credimus, infamia gravis respergens quod aliqui subditi vestri se constituentes falsos et impios christianos Sarracenis contra Christianos assistunt arma, vasa navalia et alia, cum quibus Christianos ipsos impugnant, ministrantes ejsdem et se ad stipendia ponentes eorum, crudelius quam Sarraceni Christianos ipsos invadunt gravius et offendunt, quod in divine majestatis cedit contumeliam, Christiani nominis opprobrium, ac honoris vestri et fame dispendium, si est ita. Ideoque precibus et exhortationibus nostris subjungimus ut tanquam viri circumspectionis prudentia prediti, et ejusdem orthodoxe fidei fervidi zelatores, ne aliquis subditus vester id attemptare de cetero audeat effectualiter prohibere ac illos qui essent in hiis cum dictis Sarracenis penitus abinde retrahere taliter procuretis quod a Deo consequamini meritum et illesa quoad hoc remaneat fama vestra.
— Datum Avinione, xiii kalendas julii, anno sexto ».

2802 Avignon, 20 juin 1340.

Daumet, 730.

2803 Avignon, 20 juin 1340.

Regem Castellae consolatur, ut non demittendo sed exaltando potius animum regium propter victoriam contra gentes suas a Sarracenis in mari obtentam, magnanimior appareat, ac prosequendo opus ceptum jugiter conforteret. (Litt. clausa. Reg. Vat. 135, f° 39 r°, n. civ; Raynaldi, ad. ann. 1340, n. 45-46 text.).

Carissimo in Christo filio Alfonso, regi Castelle illustri. Casus ille sinister quam pridem gentibus tuis, fili carissime, fidelibus cum perfidis Sarracenis in mari Marrochitano pugnantibus mestis audivimus relatibus contigisse, turbavit sicut creditur et concussit, super quo tibi paterno more compatimur, non immerito mentem tuam. Sane quia talem et tantum principem, tante virtutis, fortitudinis et constantie decet esse ut non elevetur in prosperis, nec concidat etiam in adversis, excellentiam rogamus regiam et in Domino exhortamur, quatinus ad Illum, a quo est omnis potestas, quique confidentes de sua misericordia non deserit sed sustentat potius et exaltat, dirigens humiliter vota tua, non demittendo propter hujusmodi casum, sed exaltando potius animum regium magnanimior et robustior appareas et consistas, ac jugiter, presertim cum Dei prosequaris negotium, conforteris. Equidem si gesta clare memorie progenitorum tuorum laudabilia, qui pro defensione ac dilatatione fidei catolice nec laboribus, nec expensarum profluviis, nec demum effusioni pepercerunt proprii sanguinis ante conspectum posueris mentis tue, nihil prorsus tibi grave redderetur circa prosecutionem operis Dei, quod inherendo eorum vestigiis laudabiliter et commendabiliter incepisti. Age igitur, fili dilectissime, viriliter et potenter, ut tibi assistente dextera divine potentie opus ceptum continues et perficias ad laudem Dei et augmentum tui nominis et honoris. Optaremus tamen te attendere diligenter [1] quod proficiscenti ad bella principi multum inter cetera noscitur expedire ut pacem in domo proprie

---

1. Reg.: *diligentur*.

conscientie studeat stabilire, ne pugna lacessitus domestica minus ab hostibus timeatur.

Inter omnia sane prelia, illud magis est intimum et dici debet rectius intestinum quod sub Dei solius oculis in conscientie sinu geritur, et quietem animi nunc rodendo, nunc concutiendo, nunc lacerando, prosternendo quandoque dejicit vel perturbat. Ideo, fili amantissime, considera, quesumus, diligenter quid in domo conscientie tue agitur, et si ratione illius concubine, cui in tue salutis et fame dispendium diutius adhesisti, ac nichilominus quod in illum quondam.. magistrum domus de Alcantara, personam utique religiosam et ecclesiasticam, manus violentas usque ad extinctionem vite illius super terram, non sine magno sententiarum latarum a canone periculo per te vel alios extendisti, bella in domo tue conscientie moveantur vel moveri debeant intestina vuolvens (sic) et revolvens intra regii claustra pectoris, diligenter mulierem ipsam a cohabitatione tua corrigendo et mutando in melius ammodo (sic) vitam tuam [1], removeas et ad obtinendum absolutionis beneficium a dictis sententiis te disponas; sicque pace in tua conscientia firmiter et salubriter stabilita, teque accepto apud Deum per quem regnas et regeris reddito, securius inire bellum poteris contra hostes. Et quia, sacra Scriptura testante, quandoque, propter peccata regum punitur populus, extunc de peccatis predictis, dum ab illis mundatus et liberatus fueris, non habebis quod te vel dictum populum periculis subjiciant formidare, nec labores tuos ab eterni retributione premii vacuabunt. Hec autem tibi, fili predilectissime, quem portamus in visceribus caritatis paternis et caritatis monitis, sicut alias persuasisse meminimus, adhuc eo affectuosius quo sepius suademus. Porro receptis benigne nuper magnificentie tue litteris, et contentis in eis diligentius intellectis, super habendis, conducendis, armandis et muniendis galeis, et etiam falsis christianis et impiis de Janua, qui Sarracenis adherere dicuntur contra te abinde retrahendis, dilectis filiis.. defensori, communi et populo civitatis Januen. per litteras scripsimus oportunas.— Datum Avinione, xii kalendas julii, anno sexto ».

1. Voir n. 2977.

2804   Avignon, 21 juin 1340.

Rectori Marchiae Anconitanae ejusque vicario mandat ut in sequenti littera, contra Malatestam et Galiotum de Malatestis, de Arimino, qui Fanen., Pensaurien. et Forosimfronien. civitates ac castra quaedam et loca Marchiae ejusdem ad Rom. Ecclesiam immediate subjecta occuparunt et detinent contumaciter occupata. (Litt. pat. Reg. Vat. 135, f° 43 r°, n. cix).

« Dilectis filiis Johanni de Riparia, priori domorum Urbis et Pisarum Hospitalis Sancti Johannis Jerosolimitani, Marchie Anconitane rectori, ejusque in eadem Marchia in spiritualibus vicario. Moleste valde nimium. — Datum Avinione, xi kalendas julii, anno sexto ».

2805   Avignon, 22 juin 1340.

Rectori Romandiolae : contra nobiles viros Franciscum de Ordelafis, Malatestam et Galiotum de Malatestis, Lippum de Lidosiis et Eustachium de Polenta, ac quosdam alios de Romandiola, qui, primus Forlivien. et Cesenaten., secundi Ariminen., Lippus vero Imolen., et ultimus Ravennaten. et Cervien. civitates, ac alii diversa alia loca ejusdem provinciae ad Rom. Ecclesiam contingentia occupant, et, non obstantibus papae requisitionibus, ut ea restituerent, adhuc illa detinent occupata, mandat ut praedictos invasores et occupatores peremptorie requirat ut infra terminum eis praefigendum ipsimet ea restituant; officiales vero, communitates, universitates et alii civitatum, castrorum et locorum praedictorum, dictos occupatores, si restituere ablata denegaverint, repellant nullo modo eis parendo. Alioquin sententias excommunicationis et interdicti contra non obtemperantes promulgare studeat. De pactis vero per eum pontificem et cameram apostolicam certiores faciat. (Litt. pat. Reg. Vat. 135, f° 42 r°, n. cviii).

« Venerabili fratri Raymbaldo, episcopo Imolen., Romandiole rectori. Graves sentimus in corde puncturas dum Romanam Ecclesiam in suis juribus et honoribus opprimi ab illis presertim percipimus qui eam tenentur tanquam matrem et dominam revereri. Sane cum nobiles viri Franciscus de Ordelafis, Malatesta et Galiotus de Malatestis, Lippus de Lidosiis et Eustachius de Polenta, ac quidam alii de provincia Romandiole, cujus rector existis, Deum ac nos et eandem Ecclesiam graviter offendere ac se statusque suos non levibus periculis subjicere minime formidantes dictus Franciscus, videlicet, Forlivien. et Cesenaten., et prefati Malatesta et Galiotus Ariminen., idem quoque Lippus Imolen., ac Eustachius prelibatus Ravennaten. et Cervien. civitates, ac tam ipsi quam alii nonnulla castra et loca alia in eadem provincia ad nos et eandem Ecclesiam pertinentia seu nobis et ipsi Ecclesie immediate subjecta occupaverint ac diu detinuerint et detineant tirannice in nostrum et ejusdem Ecclesie contemptum et prejudicium occupata, et alias pro parte nostra requisiti et moniti ut hujusmodi civitates, castra et loca restituerent ac in pace dimittere nobis et eidem Ecclesie procurarent, parere hujusmodi requisitionibus et monitionibus non curarint, quamvis constitutiones editas et processus habitos per fel. rec. Johannem papam XXII, predecessorem nostrum continentes diversas spirituales et temporales poenas et sententias adversus invasores, occupatores et detentores temerarios bonorum, jurium et honorum Ecclesie sepefate promulgatas generaliter et inflictas nequaquam possint vel potuerint ignorare, cum adeo solenniter fuerint in illis partibus, sicut intelleximus, publicati, quod ad communem potuerunt omnium notitiam pervenire, nos tam graves ejusdem Ecclesie continuatas diutius injurias et offensas dissimulare ulterius salva consciencia non valentes, fraternitati tue per apostolica scripta mandamus quatinus per te vel alium seu alios prefatos occupatores et detentores civitatum, castrorum et locorum predictorum, necnon officiales, communitates, universitates, ac singulares personas eorum de quibus tibi videbitur expedire requiras ex parte nostra moneas et inducas ut ipsi occupatores et detentores eadem civitates, castra et loca ad nos et Ecclesiam ipsam spectantia que detinentur in provincia predicta per eos tibi nomine nostro et Ecclesie supradicte infra certum terminum peremptorium competentem eis per te super hoc prefigendum plene, libere, ac expedite et cum effectu restituant et in pace per te nostro nomine regenda et gubernanda modis et formis quibus per rectores ipsius provincie qui fuerunt pro tempore consueverunt[1] seu debuerunt regi et gubernari dimittant; prefati quoque officiales, communitates et universitates ac singulares persone civitatum, castrorum et locorum predictorum tibi obediant plenarie, ut tenentur, dictosque occupatores et detentores injuriosos, temerarios et tirannicos, ut prefertur, si forsan civitates, castra et loca predicta libere restituere ac in pace dimittere recusarent, a se dictisque civitatibus, castris et locis abiciant quantum in eis fuerit et repellant in nullo deinceps obediendo vel parendo eisdem, sed tibi potius assistant auxiliis et oportunis favoribus, ut tenentur. Alioquin tam per publicationem, declarationem, executionem et agravationem penarum et sententiarum predictarum adversus omnes et singulos quas contingunt, vel qui possunt in illis includi quam per excommunicationis in personas singulares officialium, communitatum et universitatum predictarum et aliorum in hac parte rebellium quocumcumque, ac interdicti in terras eorum ac civitates, castra et loca predicta que sic occupata detinebuntur, ac universitates et communitates eorum que hujusmodi requisitionibus, monitionibus et mandatis non obtemperaverint cum effectu penas et sententias auctoritate presentium et alias, prout ad tuum pertinebit officium et rationi convenire cognoveris, procedere studeas diligenter : non obstantibus (etc).

Ceterum volumus ut de processibus et aliis que in premissis et circa ea quomodolibet feceris nos et Cameram nostram efficere studeas certiores ut melius et utilius possimus ulterius super hiis, si necesse fuerit, de oportunis remediis providere. — Datum Avinione, x kalendas julii, anno sexto ».

1. Reg. : *consuerunt.*

2808 Avignon, 22 juin 1340.

Regem Siciliae quittat de quatuor millibus unciarum auri pro residuo census annui regni Siciliae Sedi apostolicae debito, pro termino instantis festi Nativitatis S. Joannis Baptistae in viginti millibus floren. auri (singulis unciis pro quinque florenis computatis) per nobilem virum Joannem Cabassole, militem, magnae curiae regiae magistrum rationalem, et Biscardum de Cava, in comitatibus Provinciae et Forcalquerii regium thesaurarium die datae praesentium solutis. (Litt. pat. Reg. Vat. 135, f° 45 v°, n. cxiii ; Daumet, 731, rubr.).

« *Carissimo in Christo filio Roberto regi Sicilie illustri.* Cum de summa. — Datum Avinione, x kalendas julii, anno sexto ».

2807 Avignon, 22 juin 1340.

« Dilecto filio Bernardo Bages, perpetuo beneficiato in ecclesia S. Johannis de Perpiniano, Elnen. dioec. : conceditur indulgentia in articulo mortis plenaria.
« Provenit ex tue. — Datum Avinione, x kalendas julii, anno sexto ». (Litt. pat. REG. VAT. 128, n. 498; REG. VAT. 135, f° 125 r°, n. CCCXXXV; Vidal, 7990).

2808 Avignon, 24 juin 1340.

« Venerabili fratri Fridiano, episcopo Civitatisnovae » conceditur indulgentia in articulo mortis plenaria.
« Provenit ex tue. — Datum Avinione, VIII kalendas julii, anno sexto ». (Litt. pat. REG. VAT. 128, n. 499; REG. VAT. 135, f° 125 r°, n. CCCXXXIIII; Vidal, 7993).

2809 Avignon, 26 juin 1340.

Regem Siciliae quittat de censu annuo octo millium unciarum auri pro regno Siciliae citra Pharum Ecclesiae Rom. debito et pro termino festi SS. Apost. Petri et Pauli, die datae praesentium in quadraginta millibus floren. auri (singulis unciis pro quinque florenis computatis) per manus Joannis de Cabassole et Biscardi de Cava ut supra, n. 2806, soluto. (Litt. pat. REG. VAT. 135, f° 46 r°, n. CXV; Daumet, 733, rubr.).

« Carissimo in Christo filio Roberto, regi Sicilie illustri. Cum censum annuum. — Datum Avinione, VI kalendas julii, anno sexto ».

2810 Avignon, 26 juin 1340.

Bernardo de Lacu, mandat ut pecunias ab eo nomine Camerae in partibus Lombardiae et Romaniae collectas ad dictam Cameram melius et securius transmittendas, penes mercatores societatis Azayalorum de Florentia in eisdem partibus commorantes, per eos postmodum ipsi Camerae assignandas, deponat, faciendo super singulis depositis confici publicum instrumentum. (Litt. pat. REG. VAT. 135, f° 49 v°, n. CXXIII).

« Dilecto filio magistro Bernardo de Lacu, canonico Ruthenen., Apostolice Sedis nuntio. Cum in partibus Lombardie. — Datum Avinione, VI kalendas julii, anno sexto ».

2811 Avignon, 26 juin 1340.

Eidem unum florenum auri singulis diebus percipiendum de proventibus Camerae ab eo colligendis pro suis et familiae suae necessariis et stipendiis destinat. (Litt. pat. REG. VAT. 135, f° 50 r°, n. CXXIIII).

« Eidem. Cum te de cujus. — Datum ut supra ».

2812 Avignon, 26 juin 1340.

Eidem, cui certa commissa sunt tangentia monast. S. Justinae Paduanae, O.S.B., negotia, concedit singulis diebus percipiendum unum florenum cum dimidio pro suis et familiae suae necessariis et stipendiis; sic tamen quod diebus quibus in negotiis praedictis laborabit nihil de Camerae pecuniis recipiat. (Litt. pat. REG. VAT. 135, f° 50 r°, n. XXV).

« Eidem. Cum tibi de cujus. — Datum Avinione, VI kalendas julii, anno sexto ».

2813 Avignon, 26 juin 1340.

Daumet, 734.

2814 Avignon, 28 juin 1340.

Annotatio litterarum Joannis XXII Ad futuram rei memoriam. In Apostolice solicitudinis, die III kalendas augusti pontificatus sui anno sexto, Avinione datarum [1] circa reservationem patriarchalium, archiepiscopalium, episcopalium et aliarum quarumlibet ecclesiarum collegiatarum, necnon abbatiarum, prioratuum etc. in patriarchatu Aquileien. et Mediolanen., Ravennaten., Januen. et Pisan. provinciis consistentium. (Litt. pat. REG. VAT. 135, 46 r°, n. CXVI; REG. AVEN. 54, f° 100 v°; REG. VAT. 128, n. 74; Vidal, 8178, 8193).

« Ad futuram rei memoriam. Tenorem quarumdam litterarum. — Datum Avinione, III kalendas julii, anno sexto ».

2815 Avignon, 28 juin 1340.

Beltramino Paravicino, episcopo Cumano, qui de civitate Bononien. ad quam destinatur ad curiam redeundo ad suam Cuman. ecclesiam declinare intendit, concedit ut in primo suo jocundo adventu in dicta civitate [2] interdictum seu interdicta quibus subjacet auctoritate sedis

---

1. Raynaldi, Annales, ad ann. 1322, n. 4, text.; cf. Mollat, Jean XXII, n. 16165.
2. Il avait été transféré de Chieti à Come le 24 novembre 1339.

apostolicae vel legatorum seu inquisitorum etc., relaxare per quindecim dies dumtaxat valeat. (Litt. pat. REG. AVEN. 54, f° 100 ; REG. VAT. 128, n. 73 ; REG. VAT. 135, f° 47 r°, n. CXVII ; Vidal, 8044).

« *Venerabili fratri Beltramino, episcopo Cumano.* Cum te quem. — Datum Avinione, IIII kalendas julii, anno sexto ».

2816   Avignon, 29 juin 1340.

Vicerectori Beneventano concedit ut cum universitatibus et communitatibus castrorum et locorum ad monast. S. Sophiae Beneventan., O.S.B., spectantium, qui dudum post obitum Guillermi, ultimi abbatis, de bladis dimissis ab eo in castris et locis praedictis, urgente caristia nimia, receperunt, componere super pretiis dictorum bladorum, si illa pretio quo erant tempore hujusmodi receptionis emere nequeant, possit ; modo de dictorum bladorum quantitate et pretio ac circumstantiis compositionum Cameram apost. certiorem faciat. (Litt. pat. REG. VAT. 135, f° 47 r°, n. CXVIII).

« *Dilecto filio Arnulpho Marcellini, canonico Agennen., civitatis Beneventane ipsiusque districtus vicerectori.* Pridem nobis tue. — Datum Avinione, III kalendas julii, anno sexto ».

2817   Avignon, 29 juin 1340.

Eidem vicerectori mandat ut ab haeredibus Mandi clerici de Arpino, Soran. dioeces., LX floren. auri a dicto clerico Eccl. Romanae legatos petat, exigat et recipiat nomine papae, assignantes quittando et absolvendo. (Litt. pat. REG. VAT. 135, f° 47 v°, n. CXIX).

« *Eidem.* Intelleximus nuper quod. — Datum ut supra ».

2818   Avignon, 29 juin 1340.

Eidem vicerectori committit ut, inquisitione praevia, bona mobilia Petri Ferro, quondam episcopi Theanensis[1], (quorum collectio Petro Vasconis, canonico Albien., civit. Beneventanae rectori, defuncto alias commissa fuit) petat, exigat et nomine Camerae apost. recipiat ; assignantes quoque absolvat et quittet. (Litt. pat. REG. VAT. 135, f° 47 v°, n. CXX.).

« *Eidem vicerectori.* Dudum bona mobilia. — Datum Avinione, III kalendas julii, anno sexto ».

1. Mort le 17 novembre 1336.

2819   Avignon, 29 juin 1340.

Beneventano vicerectori committit ut faciat, exsequatur et compleat ea quae restant complenda de illis quae Rogerio de Vintrono, rectori tunc civit. Beneventanae, tam infirmitate corporali quam aliis negotiis praepedito, commissa fuerant : scilicet quod ea quae de domibus, terris, possessionibus et aliis bonis Rom. Ecclesiae in dicta civitate ejusque districtu alienata illicite vel distracta inveniret, ad jus et proprietatem dictae Ecclesiae revocaret ; et ulterius tam dicta bona revocata quam alia eidem Ecclesiae pertinentia personis fidelibus et devotis pro annuo censu vel redditu pinguiori, acceptis cautionibus debitis, concederet. (Litt. pat. REG. VAT. 135, f° 48 v°, n. CXXI).

« *Eidem vicerectori.* Olim nobis exposito. — Datum ut supra (III kalendas julii, anno sexto).

2820   Avignon, 30 juin 1340.

Daumet, 735-736. Adde in prima : reservationem *die* XVII *mensis maii prox. praet. factam.*

2821   Avignon, 30 juin 1340.

Daumet, 737-738. Adde in prima : reservationem *die prima aprilis prox. praet. factam.*

2822   Avignon, 30 juin 1340.

Mag. Joanni de Arpadella mandat ut vocatis evocandis etiam extra Rom. curiam et ad partes de infra dicendis se informans, quod cumque per exsecutores etiam infra nominandos attentatum invenerit, in irritum revocet et alias quod justum fuerit decernat et exsequi faciat ; dictis exsecutoribus inhibendo ne ulterius de exsecutione ipsa se intromittant, sed processus ab eis factos ipsi pro informatione mittant. (Litt. pat. REG. VAT. 135, f° 48 v°, n. CXXII).

« *Dilecto filio magistro Johanni de Arpadella, archidiacono de Bria in ecclesia Parisien., capellano nostro.* Intelleximus quod dudum eo quod quondam Franciscus et Petrus Capocie, ac dilectus filius Johannes, fratres (?) eorum, nati quondam Nicolai Capocie, militis, de Frusinone, Verulan. dioc., quondam Pontium Augerii, prepositum ecclesie Apten., thesaurarium provinciarum Campanie Maritimeque, cepisse temerariis et violentis ausibus et captivasse, aliasque atroces injurias irrogasse in contemptum et opprobrium Romane Ecclesie dicebantur, fel. record. Johannes papa XXII, predecessor noster, quendam fecit processum exigente justitia contra eos, per quem ipsi declarati et denuntiati excommunicationis propter premissa incurrisse sententiam, et eorum bona eidem Ecclesie confiscata fuerunt sicut in eodem processu plenius continetur ; quodque subsequenter pro parte dicti Johannis nobis exposito quod ipse, qui tempore patratorum excessuum hujusmodi erat in puerili constitutus etate, nequaquam erat vel fuerat culpabilis de premissis, et per consequens non debebat includi predictis, et humiliter supplicato ut eidem faceremus super hoc justitiam exhiberi, ven. fratri nostro Beltramino, Cumano, tunc Theatino episcopo, auditori litterarum nostrarum contradictarum, negotium hujusmodi sub certa forma duximus commitendum. Qui quidem episcopus super negotio ipso procedens, tandem prefatum Johannem non esse nec fuisse ligatum eadem excommunicationis sententia, eumque restituendum ad bona tunc ad eum pertinentia per sententiam declaravit ; deinde vero nos hujusmodi sententiam juxta modum observari consuetum in talibus duximus confirmandam, venerabilibus fratribus nostris Ferentinaten.. et .. Alatrin. episcopis, ac dil. filio ., archipresbitero ecclesie Sancte Marie de Frisinono, dicte Verulane dioc., dicto Johanni super hiis per nostras certi tenoris litteras executoribus deputatis. Cum autem ipsi aut duo, vel unus ipsorum super executione hujusmodi ex arrupto et minus juste, sicut asseritur, procedentes, dictum Johannem non solum ad partem hujusmodi bonorum ad eum spectantem, sed ad omnia bona ipsa in nostrum et ejusdem Ecclesie Romane prejudicium de facto restituissent, seu restituere niterentur, ab eisdem executoribus formam mandati sui, ut fertur, manifeste transgredientibus et a processibus eorumdem pro parte dilecti filii thesaurarii provinciarum predictarum ad Sedem Apostolicam extitit legitime appellatum. Nos igitur attendentes quod de jure, proprietate ac patrimonio ejusdem Ecclesie Romane agitur in hac parte volentesque propterea cautius et maturius super predictis, justitia tamen in omnibus observata, procedi, dictum negotium cum omnibus emergentibus et dependentibus ex eodem ad nos totaliter tenore presentium revocamus. Quocirca discretioni tue [sequitur commissio, ut supra dictum est]. — Datum Avinione, III kalendas julii, anno sexto ».

2823-2824 Avignon, 30 juin 1340.

Daumet, 737-738, adde in prima : reservationem, *die prima aprilis prox. praet. factam.*

2825 Avignon, 1er juillet 1340.

Daumet, 739.

2826 Avignon, 1er juillet 1340.

Daumet, 740-741. Adde in prima : reservationem, *die xviiia mensis junii prox. praet. factam.*

2827 Avignon, 1er juillet 1340.

Mercatoribus societatis Azayalorum in partibus Flandriae commorantibus concedit facultatem recipiendi certas pecuniae summas in Poloniae partibus collectas, et assignantes quittandi. (Litt. pat. Reg. Vat. 135, f° 52 r°, n. cxxix ; Fierens, 645, text.).

« *Dilectis filiis Dyno Geri, Lotho Corbizi et Bartholomeo Corsini, mercatoribus societatis Azayalorum de Florentia in partibus Flandrie commorantibus.* Cum de diversis proventibus ad Cameram nostram spectantibus per dil. filium magistrum Galhardum de Carceribus, prepositum ecclesie Titulen., Colocen. diocesis, seu alios collectores hactenus in partibus regni Polonie auctoritate apostolica deputatos collectis, certe infrascripte quantitates auri per infrascriptos, videlicet per dilectos filios Nicolaum de Zavichoc et quosdam ejus condebitores super hoc et socios civitatis et diocesis Cracovien. viginti marche auri de lege viginti duorum cadratorum in festo B. Michaelis proximo futuro ; item per dilectos filios Nicolaum Pensatoris et quosdam alios suos super hoc condebitores et socios, cives Cracovienses, octo marche auri de lege predicta; item per Nicolaum Vergini sexaginta marche auri, per Wilicium Pellificem viginti quinque marche auri, et per Johannem Torneatoris et quosdam ejus super hiis socios, cives Cracovienses, viginti quinque marche; rursus per consules civitatis predicte quindecim marche auri de lege predicta debeant in villa de Brugis, Tornacen. diocesis, eidem Camere vel alii, seu aliis, ad hoc pro ipsa Camera ydonea potestate suffultis in futuris vel pro preteritis terminis, ut intelleximus, assignari, nos, de vestre fidelitatis et circumspectionis industria plenius in Domino confidentes, recipiendi nomine Camere supradicte a prefatis personis aut alio vel aliis pro eis solventibus quantitates auri predictas et earum singulas necnon et omnes alias auri et pecuniarum quantitates, que per quoscumque in partibus Flandrie solvi debeant Camere prelibate postmodum dicte Camere, prout inter ipsam et dilectos filios societatis vestre mercatores et socios in Romana morantes curia ordinatum fore dinoscitur, persolvendas; et insuper debitores predictos et alios quoscumque solventes vobis predicta vel aliqua de eisdem nomine Camere memorate quittandi et plenius absolvendi, de hiis, que inde receperitis ab eisdem, plenam vobis et cuilibet vestrum concedimus tenore presentium facultatem. Volumus autem quod statim cum quantitates predictas vel aliquas ex eis receperitis, inde Cameram predictam studeatis efficere certiorem. — Datum Avinione, kalendis julii, anno sexto ».

2828 Avignon, 1er juillet 1340.

« *Dilectis filiis capitulo ecclesie Traiecten.* » significat reservationem eccl. Traiecten. die vicesima quinta junii prox. praet. factam. « Intendentes nuper ecclesie. — Datum Avinione, kalendis julii, anno sexto. (Litt. pat. REG. VAT. 135, f° 53 v°, n. CXXXVI).

2829 Avignon, 1er juillet 1340.

In eod. modo *venerabili fratri archiepiscopo Colonien.*, « Intendentes dudum ecclesie. — Datum ut supra. (Litt. pat. REG. VAT. 135, f° 53 v°, n. CXXXVII; Sauerland, *Rheinl.* II, n. 2373. Anal.).

2830 Avignon, 3 juillet 1340.

Joanni de Amelio mandat ut cum super hiis pro quibus ad terras Rom. Ecclesiae italicas missus est nihil aut parum utiliter egerit, ne ulterius in exhibitione stipendiorum suorum graventur subditi propter inutilem in his partibus moram suam, ad praesentiam papae absque mora redeat, de gestis rationes redditurus. (Litt. clausa. REG. VAT. 135, f° 54 r°, n. CXXXIX).

« *Dilecto filio magistro Johanni de Amelio, archidiacono Forojulien., Camere nostre clerico.* Nimis displicibiliter intellecto. — Datum Avinione, v nonas julii, anno sexto ».

2831 Avignon, 5 juillet 1340.

Procuratores communis, universitatis et populi Bononien. quittat de censu octo millium floren. auri ab ipsis pro primo termino, scilicet festo SS. Apostolorum Petri et Pauli anni 1339 nomine civitatis ipsius solutorum, secundum conventiones et pacta inter papam et Ecclesiam Rom., ac syndicos et procuratores Bononiensium dudum habita, quorum tenore ipsi commune et cives Bononienses in signum dominii et superioritatis ejusdem Ecclesiae et in recognitionem devotionis et subjectionis ejusdem civitatis eidem Ecclesiae censum praedictum quotannis in dicto festo solvere debent. (Litt. pat. REG. VAT. 135, f° 53 v°, n. CXXXVIII; REG. AVEN. 54, f° 104; REG. VAT. 128, n. 79; Vidal, 8179; Theiner, *Cod. diplom.* II, n. 108, text.).

« *Dilectis filiis magistris Petro Bonipetris, juris civilis et Bonaventure Jacobini, medicine professoribus, civibus Bononien., sindicis et procuratoribus communis, universitatis et populi Bononien.* Cum secundum conventiones. — Datum Avinione, III nonas julii, anno sexto ».

2832 Avignon, 5 juillet 1340.

Daumet, 742.

2833 Avignon, 10 juillet 1340.

Mag. Bernardo de Lacu mandat ut per se vel alium seu alios subcollectores, informatione praevia, decimam sexennalem olim a Clemente V impositam in civitate et dioec. Tragurien., si pro parte aliqua exacta non extiterit, integraliter, si vero pro parte collecta fuerit, residua ipsius in duobus terminis singulis annis praefigendis nomine Rom. Ecclesiae colligat; si vero collecta sit pro parte illud quod collectum est exigat, recipiat et custodiat, cum potestate assignantes quittandi. (Litt. pat. REG. VAT. 135, f° 50 r°, n. CXXVI).

« *Dilecto filio magistro Bernardo de Lacu, canonico Ruthenen., juris civilis professori, Apostolice Sedis nuntio.* Cum sicut intelleximus. — Datum Avinione, VI idus julii, anno sexto ».

2834 Avignon, 12 juillet 1340.

Urbinatenses commendat eo quod adversus proditorias et dolosas insidias Malatestinorum, pridem civitatem suam occupare molientium, resistentes, fideles Ecclesiae Romanae remanserunt. Rectori Marchiae et Perusinis scripsit papa ut ipsis assistant. Rogat eos ut fideles perseveranter remaneant. (Litt. clausa. REG. VAT. 135, f° 44 r°, n. CX).

« *Dilectis filiis communi et populo Urbinaten.* Noviter relatibus fidedignis. — Datum Avinione, IIII idus julii, anno sexto ».

2835 Avignon, 12 juillet 1340.

Perusinos hortatur ut contra Malatestam et Galiotum de Malatestinis adhuc adversus Urbinaten. civitatem insidiantes eisdem Urbinatensibus, dum ab eis vel a Joanne de Riparia, rectore Marchiae requisiti fuerint assistant. (Litt. clausa. Orig. in archiv. Perusin. Deprez, *Recueil de Documents pontificaux*, dans *Quellen*. etc., t. III, p. 267, n. CXXI, anal. ; REG. VAT. 135, f° 44 v°, n. CXI).

« *Dilectis filiis communi civitatis Perusine.* Intelleximus noviter quod. — Datum ut supra ».

2836 Avignon, 12 juillet 1340.

Rectori Marchiae mandat ut litteras Urbinatensibus commendatitias et Perusinis hortatorias directas una cum praesentibus ipsi missas praesentari faciat, et circa statum provinciae suae, qui, ut dicitur, sub regimine suo prosperatur, ut de bono in melius procedat vigilare curet, de illis quae in hac parte fecerit saepius rescribendo. (Litt. clausa. REG. VAT. 135, f° 44 v°, n. CXII).

« *Eidem rectori Marchie.* Ad nostram deducto. — Datum Avinione, IIII idus julii, anno sexto ».

2837 Avignon, 14 juillet 1340.

Florentinos deprecatur ut Malatestae et Galiotto de Malatestis, de Arimino, qui nonnulla castra, civitates et loca Marchiae Anconitanae et Romandiolae Romanae Ecclesiae subjecta consistentia occuparunt et detinent occupata, quique dudum ad civitatem Urbinaten. cum armatorum hominum multitudine accedentes, nisi fuerunt eam occupare et subjugare, sed per commune et populum viriliter repulsi sunt, — nullatenus auxilium vel favorem impendant, sed potius rectoribus et officialibus Ecclesiae in his partibus super recuperandis dictis castris et locis et reprimendis invasorum et occupatorum injustis ausibus assistant. (Litt. clausa. REG. VAT. 135, f° 45 r°, n. CXIII ; Theiner, *Cod. diplom.* II, n. 110, text.).

« *Dilectis filiis communi civitatis Florentine.* Sepe audivisse vos. — Datum Avinione, II idus julii, anno sexto ».

2838 Avignon, 14 juillet 1340.

Anno 1340, sexto Benedicti papae XII, die XIIII mensis julii, coram Petro, episcopo Praenestino, et Petro, tituli sancti Clementis praesb. cardinali habentibus potestatem a pontifice, Guilhelmus de Berrutis, in utroque jure peritus, civis Terdonen., syndicus et procurator dictae civitatis recognovit et confessus est quod dicti Terdonenses adhaeserunt Ludovico de Bavaria, et nunc veniam et absolutionem petunt : et praestito ab eo juramento et factis promissionibus consuetis dicti cardinales eum et civitatem Terdonen. absolverunt [1].

Procuratorii instrumentum, anno 1340 die dominico secundo aprilis in civitate Terdona, in palatio communis datum est [2]. (Armar. XXXIV, t. 2, f° 189 r°-191r° ; Copie : Armar. XXXIV, t. 2 A, f° 32 r°-35 r°).

2839 Avignon, 18 juillet 1340.

« *Dilecto filio Roberto Dionysii, clerico non conjugato nec in sacris ordinibus constituto, Baiocen. dioc.* a Petro Despres, episcopo Praenestino idoneo reperto. — Concedit tabellionatus officium. « Ne contractuum memoria. — Datum Avinione, XV kalendas augusti, anno sexto. (Litt. pat. REG. AVEN. 54, f° 213 v°, REG. VAT. 128, n. 527 ; REG. VAT. 135, f° 121 r°, n. CCCXIII ; Vidal, 7861).

1. Voir Vidal, 8254, 8255, la bulle de réconciliation et l'ordre d'absolution des excommuniés, donné à l'évêque de Tortona, ce même jour, 14 juillet 1340.
2. Le 22 septembre suivant, les citoyens de Tortona ratifièrent les actes de leur procureur. Vidal, 8360.

2840 Avignon, 24 juillet 1340.

Patriarchis, archiepiscopis, episcopis caeterisque personis ecclesiasticis mandat ut magistro Joanni Cortoys, canonico Ambianen., papae scriptori, ad emendos pannos pro papa, familiaribus suis et eleemosyna ad partes Franciae, Brabantiae et Flandriae misso, in securum conductum consulant (Litt. patens. Reg. Vat., 135, f. 123 r°, n. cccxxii; Fierens, 647, text.; Daumet, 744 anal.).

« *Venerabilibus fratribus patriarchis, archiepiscopis, etc., etc., ad quos presentes littere pervenerint.* Cum dilectus filius. — Datum Avinione, ix kalendas augusti, anno sexto ».

2841 Avignon, 25 juillet 1340.

Petrum de Spoleto, militem, et Spoletanos hortatur ut, consideratione regis Siciliae, nobiles viros comitem Tirineti, custodem fortalitii (cujus occasione orta est guerra inter illos Reatinosque) nomine dicti regis, et Joannem, fratrem ejus, ac Petrum, ejus consanguineum, in dicto conflictu captivatos benigne pertractent quousque a papa aliud ordinatum fuerit, nullam in personis eorum laesionem inferri permittentes. Per litteras vero suas pontificem, in quibus seu quantum contra papam et Ecclesiam Romanam dicti nobiles deliquerint certiorem faciant. (Litt. clausa. Reg. Vat. 135, f° 54 v°, n. cxl).

« *Dilectis filiis nobili viro Petro de Spoleto, militi, et communi civitatis Spoletane, nostris et Ecclesie Romane fidelibus.* Relatu fidedigno percepimus. — Datum Avinione, viii kalendas augusti, anno sexto ».

2842 Avignon, 25 juillet 1340.

Judicibus committit ut praelatis et ecclesiasticis personis regni Siciliae, qui, decima ad biennium a papa regi Siciliae concessa terminis statutis non soluta, excommunicati per collectores et subcollectores fuerunt, si de decima hujusmodi pro praeteritis terminis satisfecerint vel satisfaciant, possint auctoritate papae post satisfactionem absolutionis beneficium concedere et cum eis super irregularitate dispensare. (Litt. pat. Reg. Vat. 135, f° 58 r°, n. cxlviii).

« *Venerabilibus fratribus.. archiepiscopo Tranen. et.. episcopo Aversan., ac dilecto filio.. abbati monasterii Caven., Salernitane diocesis.* Cum sicut intelleximus. — Datum Avinione, viii kalendas augusti, anno sexto ».

2843 Avignon, 1er août 1340.

Thomae, episcopo Anconitano mandat ut cum Joannes de Rigaldo, thesaurarius ducatus Spoletani, de ipso ducatu ad reddendas de administratis Camerae Apost. rationes recesserit, ipse taliter de officio thesaurariae per se vel alium provideat quod idem officium propter hoc detrimentum nullatenus patiatur. (Litt. pat. Reg. Vat. 135, f° 54 v°, n. cxli; Reg. Aven. 54, f° 333; Vidal, 8185).

« *Venerabili fratri Thome episcopo Anconitano, ducatus Spoletani vicerectori.* Cum dilecto filio. — Datum Avinione, kalendis augusti, anno sexto ».

2844 Avignon, 1er août 1340.

Rectori Patrimonii mandat ut super contractis a quondam Hugone Cornuti, thesaurario ipsius Patrimonii, de proventibus Camerae Apost. factis, ac de proventibus ipsis non sine laesione justitiae et juris Camerae ipsius ab eodem reconditis se informans, taliter de proventibus praedictis ordinet quod illis Camera non fraudetur; et nihilominus libros rationum Hugonis praefati recipiens illos mittat ad Cameram apostolicam et injungat illis qui morabantur cum Hugone, quique gestorum ejus aliquid scire possunt, ut ad Sedem Apostol. veniant, posituri rationes pro ipso; et interim ipse rector taliter de officio thesaurariae provideat quod juri Camerae utilius consulatur. (Litt. pat. Reg. Vat. 135, f° 55 r°, n. cxlii)

« *Dilecto filio mag. Guigoni de Sancto Germano, preposito eccl. Anicien., notario nostro, rectori Patrimonii b. Petri in Tuscia.* Cum sicut relatu. — Datum Avinione, kalendis augusti, anno sexto ».

2845 Avignon, 7 août 1340.

Regi Siciliae, supplicationem Philippi de Majoricis circa professionem regulae S. Francisci in ordine aliquo strictioris observantiae instituendam commendans, respondet se exaudire petitionem eamdem non posse certis ex rationibus, videlicet : 1ª Eadem petitio dudum in consistorio coram Joanne XXII exposita jam penitus denegata fuit; 2ª Ordinationes et declarationes circa S. Francisci regulam per S. Pontifices saepe saepius factae et in perpetuum sancitae per institutionem novam turbarentur graviter; et Minorum ordo, in quo dissentiones et schismata frequentiora hactenus extiterunt, in dissipationem et ruinam verteretur; 3ª Quatuor mendicantes religiones sufficiunt; imo concessio nova reprobationem religionis Minorum implicare videretur; 4ª Nequaquam, rationi nec decentiae convenit magis favere religioni de novo constituendae quam alii approbatae ab antiquo; 5ª Sequeretur aliud scandalum, scilicet quod fratres aliorum ordinum ad effugiendam superiorum correctionem et regulae disciplinam ad illum novum ordinem fictitie vel alias se transferre possent ; 6ª Denique dicto Philippo, cum sit caput et defensor sectae reprobatae Beguinorum et Joannis papae XXII ac Sedis apostolicae publicus detractor, rebellis Ecclesiae catholicae et de heretica pravitate suspectus, nequit Pontifex gratiam praedictam concedere. — Hujus litterae finem vide apud Daumet, n. 746. (Litt. clausa ; REG. VAT. 135, f° 55 v°, n. CXLIII ; Raynaldi, ad. an. 1340, n. LXIV-LXV : fragm. de Philippo ; Wadding, *Ann. Min.* an. 1340, n. 24, text. ; Eubel, *Bull. Francisc.* VI, n. 123 : fragm. de Philippo ; Daumet, 746 : fragm.).

« *Carissimo in Christo filio Roberto, regi Sicilie illustri.* Missus nuper ad presentiam. — Datum Avinione, VII idus augusti, anno sexto ».

2846   Avignon, 11 août 1340.

« *Dilecto filio Raimundo de Ortenchis, rectori parochialis ecclesiae de Corminhano, Carcassonen. dioec.*, conceditur indulgentia in articulo mortis plenaria ». « Provenit ex tue. — Datum Avinione, III idus augusti, anno sexto. » (Litt. pat. REG. VAT. 128, n. 504, 505 ; REG. 135, f° 125 r°, n. CCCXXXVI ; Vidal, 8001).

2847   Avignon, 13 août 1340.

« *Dilectae in Christo filiae Raymundae, uxori dilecti filii Joannis de Saulis, domini de Belgida, Valentinen. dioec.* — *dilectae in Christo filiae nobili mulieri Dulciae de Milmares, relictae quondam Philippi Monaci, militis, viduae Nicosien. dioec.* — conceditur indulgentia in articulo mortis plenaria.

« Provenit ex tue. — Datum Avinione, idibus augusti, anno sexto ». (Litt. pat. REG. VAT. 128, n. 506, 507 ; REG. 135, f° 125 r°, n. CCCXXXVII-CCCXXXVIII ; Vidal, 8003-8004.).

2848   Avignon, 14 août 1340.

Reservatio eccl. Cassinen. per obit. Raymundi vacantis. (Litt. pat. REG. VAT. 135, f° 74 r°, n. CXCI).

« *Ad futuram rei memoriam.* Perlato nuper. — Datum Avinione, XIX kalendas septembris, anno sexto ».

2849   Avignon, 17 août 1340.

Capitulo eccl. Cassinen. notificat reservationem hujus ecclesiae dudum factam. (Litt. pat. REG. VAT. 135, f° 57 r°, n. CXLIIII).

« *Dilectis filiis capitulo ecclesie Casinen.* Nuper ad notitiam. — Datum Avinione, XVI kalendas septembris, anno sexto ».

2850   Avignon, 17 août 1340.

In eod. mod. capitulo eccl. Troian., de eorum ecclesia. (Litt. pat. REG. VAT. 135, f° 57 v°, n. CXLV).

« *Dilectis filiis capitulo ecclesie Troiane.* Ad nos nuper. — Datum ut supra ».

2851   Avignon, 17 août 1340.

Infrascriptis mandat ut bona mobilia Raimundi, quondam episcopi Cassinen., informatione praevia, petant, colligant, recipiant et conservent nomine Camerae Apostolicae ; assignantesque illa quittent, Cameram eamdem certiorem faciendo. (Litt. pat. REG. VAT. 135, f° 57 v°, n. CXLVI).

« *Dilectis filiis magistris Geraldo de Valle, Neapolitano, capellano vostro, et Arnulpho Marcellini, Agennen. canonicis ecclesiarum.* Cum de bonis. — Datum Avinione, XVI kalendas septembris, anno sexto ».

2852   Avignon, 17 août 1340.

Eisdem, simile mandatum circa bona Bisancii, episcopi Troiani. « Cum de bonis. — Datum ut supra ». (Litt. pat. REG. VAT. 135, f° 58 r°, n. CXLVII).

2853   Avignon, 17 août 1340.

Usbech, imperatori Tartarorum, respondet se nobiles viros Petranum de Lorto, olim dominum de Capha, et Albertum, ejus socium, christianos, nuntios suos, ac Heliam de Hungaria, ordinis Minor., nuntium ducis Tynybech, primogeniti sui benigne recepisse ; illumque laudat sinceris affectibus de devotione et reverentia sua erga Sedem Apost. et pontificem, necnon et de benevolentia sumptuose erga nuntios papae exhibitis. Rursus illum de gratiis et liberalitatibus suis erga christianos ; de licentia eisdem reparandi vel construendi ecclesias, verbum divinum praedicandi et cultum catholicum celebrandi concessa commendat. Praeterea, cum quidam nefandissimi homines, igne in palatio suo supposito, christianos auctores hujus criminis fore falso asseruissent, ipse ab hujusmodi periculo liberatus impositionem praedictam esse calumniosam attendens, christianos innocentes, tribus tantum exceptis, declaravit ; super quo eidem gratias agit pontifex; etc... Denique imperatorem hortatur ut ab invasione regnorum Hungariae et Poloniae, imperii sui finitimorum, se abstineat. (Litt. pat. REG. VAT. 135, f° 58 r°, n. CXLIX REG. VAT. 62, f° 33 r°; Wadding, Annal. Minor. an. 1340, n. 2 text.; Eubel, Bull. Francisc. VI, n. 124, text.).

« *Magnifico principi Usbech, imperatori Tartarorum illustri, gratiam in presenti que perducat ad gloriam in futuro.* Letanter et benigne. — Datum Avinione, xvi kalendas septembris, anno sexto ».

2854   Avignon, 17 août 1340.

Tynybech, primogenito imperatoris Tartarorum, scribit se benigne Heliam de Hungaria, nuntium et familiarem suum, ordinis minorum, recepisse ; illumque commendat de devotione sua erga Sedem Apostolicam et papam, necnon de favoribus ab eo Christicolis imperii praestitis, et de virtuosis suis operibus. Eidem gratias agit de encoenio misso ; illumque hortatur ut dicti Heliae persuasionibus et monitis credat. (Litt. pat. REG. VAT. 135, f° 59 r°, n. CL; Wadding, an. 1340, n. 3 text ; Eubel, n. 126, text.).

« *Egregio viro duci Tynybech, primogenito magnifici principis Usbech, imperatoris Tartarorum illustris, gratiam in presenti que perducat ad gloriam in futuro.* Venientem nuper. — Datum Avinione, xvi kalend. septembris, anno sexto ».

2855   Avignon, 17 août 1340.

Taydolam, imperatricem Tartariae, commendat de devotione sua erga papam et Sedem Apostolica necnon de favoribus et gratiis per eam Christianis in imperio suo degentibus concessis. Illam praeterea hortatur ad fidem christianam suscipiendam, eidemque gratias agit de encoenio misso. (Litt. pat. REG. VAT. 135, f° 59 v°, n. CLI ; Wadding, an. 1340, n. 4 text. ; Eubel, n. 125 text.).

« *Egregie principisse Taydolu, imperatrici Tartarie partiumque Aquilonarium, gratiam in presenti, que perducat ad gloriam in futuro.* Pridem ad nostram. — Datum Avinione, xvi kalendas septembris, anno sexto ».

2856   Avignon, 17 août 1340.

Praelatos et alios ecclesiasticos ac regulares viros in Tartarorum imperiis et partibus orientalibus ac aquilonaribus constitutos hortatur ut pro fide catholica stent viriliter, illam verbis et exemplis dilatando ; cujus fidei tenorem explicat pontifex. (Litt. pat. REG. VAT. 135, f° 60 r°, n. CLII ; REG. VAT. 62, f° 33 v° ; Wadding, an. 1340, n. 5, text. ; Eubel, n. 127 text.).

« *Venerabilibus fratribus archiepiscopis et episcopis, ac dilectis filiis electis, abbatibus, ceterisque personis ecclesiasticis, religiosis et secularibus, ac universis Christifidelibus in Tartarorum imperiis et partibus orientalibus et aquilonaribus constitutis.* Supra gregem dominicum. — Datum Avinione, xvi kalendas septembris, anno sexto ».

2857   Avignon, 18 août 1340.

Joanni de Pererio, collectori in Tuscia, mandat ut de proventibus Camerae ab eo collectis usque ad summam duorum millium florenorum auri sub nomine mutui Joanni de Riparia, rectori Marchiae Anconitanae assignet, obligationem tamen de dicta summa quantotius restituenda ab illo recipiendo. (Litt. pat. REG. VAT. 135, f° 62 r°, n. CLIII).

« *Dilecto filio Johanni de Pererio, canonico Forojulien., proventuum ad Cameram nostram spectantium in partibus Tuscie collectori auctoritate apostolica deputato.* Volentes dilecto filio. — Datum Avinione, xv kalendas septembris, anno sexto ».

2858   Avignon, 18 août 1340.

Rectori Patrimonii concedit ut civibus et habitatoribus civitatis et districtus Beneventan. liceat a curia rectoris Beneventani ad eundem rectorem Patrimonii et successores ejus usque ad Sedis Apostolicae beneplacitum in causis civilibus appellare. Solum enim ad Sedem Apostolicam eis a dictis rectoribus appellare liceret ; difficile quidem, imo pauperibus impossibile esset ad dictam Sedem nunc praesertim citra montes degentem appellationes interponere. (Litt. pat. REG. VAT. 135, f° 62 r°, n. CLVII ; REG. VAT. 128, n. 329 ; Vidal, 8126).

« *Dilecto filio.. rectori Patrimonii b. Petri in Tuscia.* Inter ceteras civitates. — Datum Avinione, xv kalendas septembris, anno sexto ».

2859 Avignon, 19 août 1340.

Cisterciensi caeterisque abbatibus Cisterciensis ordinis mandat ut ordinationes apostol. nuper editas et alia statuta ordinis sui diligenter custodientes, pro pace inter reges Franciae et Angliae aliosque Christicolas restituenda, ac pro sanatione papae et statu Ecclesiae felici preces effundant. (Litt. clausa. Reg. Vat. 135, f° 62 v°, n. clv; Raynaldi, ad ann. 1340, n. 26 fragm.; Daumet, 747, rubr.).

« *Dilectis filiis Cisterciensi et aliis abbatibus Cistercien. ordinis in proximo generali capitulo Cistercii congregandis.* Specialis benivolentie plenitudo et singularis dilectionis affectus quibus ordinem vestrum, cujus alumpni et professores fuimus prosequimur (etc...). Instante igitur dicto generali Capitulo in proximo Cistercii celebrando, nos hujusmodi dilectionis et caritatis affectu adhuc nostra impellente ad id precordia, nolentes ab exhortationibus hujusmodi desistere salubribus, eo affectuosius quo sepius iterandis universitatem vestram rogamus, monemus, requirimus et in Domino attentius exhortamur quatinus... in ejusdem congregatione capituli hiis que decent et expediunt sic sedule divina vobis suffragante gratia intendatis quod tam ordinationes nostre super salubri statu ipsius ordinis edite, quam alia statuta ejusdem inviolabiliter observentur, ceteraque ibidem mature ac provide ordinentur et fiant per que ordo ipse bone fame odore redolens, divinis semper acceptior efficiatur conspectibus et crescat jugiter devotio fidelium apud eum. Rursus non ignoratis, ut credimus, quanta mala quotque innumera pericula et scandala ex guerris et dissentionibus in diversis mundi partibus instigante pacis et caritatis emulo, peccatis prodolor exigentibus suscitatis toti Christianitati provenerunt et proveniunt incessanter; et licet per nos et Sedem Apostolicam modis variis et diversis, quibus commode fieri potuit, pro sedandis guerris et dissentionibus hujusmodi pacisque inter dissidentes reformanda concordia, et maxime inter carissimos in Christo filios nostros.. Francie et.. Anglie reges illustres extiterit laboratum, quia tamen hostis antiqui malitia prevalente, attingi nequivit adhuc ad fructus pacis hujusmodi, quos desideriis ferventibus optabamus, solum restare videtur ad divinum auxilium recurrendum : ideoque vos et ordo predictus apud eum, qui pacis est auctor et humane salutis amator, pro pace ac tranquillitate hujusmodi devotis precibus insistatis. Et insuper cum prout vos audivisse supponimus pater misericordiarum et Deus totius consolationis qui nos in omni tribulatione nostra ineffabili sue pietatis clementia consolatus, sic pridem nos per infirmitatem corporalem gravissimam misericorditer visitavit quod secundum humanum judicium magis sperabatur, tunc invalescente infirmitate hujusmodi, de nostro ab hoc seculo transitu quam de vita, nec adhuc, quamvis simus eo faciente qui potest sanitati pristine restituti, aliqua membra nostri corporis ex rigore infirmitatis ejusdem lassa et concassata plurimum perfecte potuerint resumere vires suas : super hiis et aliis pressuris quibus preter corporales passiones interius et exterius ex sarcina injuncte nobis desuper servitutis apostolice atterimur importabiliter et gravamur utilius et salubrius relevandis, ad vestra et ordinis prelibati orationum suffragia fiducialiter recurrentes, instanter petimus et rogamus ut pro sanitate nobis, ut premittitur, restituta, una nobiscum gratias divine clementie referentes, pro nostra convalescentia, et ut Dominus qui est via, veritas et vita, disponat et dirigat ad ea que sibi placita et Ecclesie sancte sue utilia fuerint actus nostros preces devotas effundere in humilitate spiritus studeatis. — Datum Avinione, xiiii kalendas septembris, anno sexto ».

2860 Avignon, 19 août 1340.

Archiepiscopis, episcopis ceterisque ecclesiasticis personis mandat ut Heliae de Hungaria, ord. Minorum, et nobili Petrano de Lorto, olim domino de Capha, et Alberto, socio ejus, nuntiis Usbeck, imperatoris Tartarorum ad patriam redeuntibus, in securum conductum consulant. (Litt. pat. Reg. Vat. 135, f° 123 v°, n. cccxxiii ; Daumet, 748, anal.).

« *Venerabilibus fratribus archiepiscopis, episcopis et dilectis filiis... etc., pervenerint.* Cum dilecti filii. — Datum Avinione, xiv kalendas septembris, anno sexto ».

2861 Avignon, 23 août 1340.

Rectori Campaniae mandat ut cum super illis quae circa ingressum nobilis viri Benedicti Gaytani, comitis Palatini, pridem in civitate Anagnina, et post etiam ab eo et ab ipso rectore et civibus dictae civitatis acta sunt diversimode referantur, ipse informatione fideli recepta, Pontificem de illis certiorem faciat. (Litt. clausa. REG. VAT. 135, f° 63 v°, n. CLVI).

« *Dilecto filio Neapoleoni de Tibertis... Campanie Maritimeque rectori.* Cum ea que. — Datum Avinione, x kalendas septembris, anno sexto ».

2862-2867 Avignon, 25 août 1340.

Praelatis Hispaniae mandat ut ad peccata diluenda et faciendos dignos fructus poenitentiae populos eis commissos per personas ecclesiasticas monitionibus, exhortationibus et aliis modis honestis inducere procurent ; et nihilominus tam per eos quam clerum processiones faciant, orationes publicas multiplicent ut pax inter reges Hispaniarum et alios illarum partium dissidentes firmetur et, obtenta concordia, victoria de inimicis fidei praesertim de rege Marochitano ad invasionem et oppressionem Hispaniarum aspirante obtineatur. (Litt. pat. REG. VAT. 135, f°105 r°, n. CCLXXIII-CCLXXVIII ; Raynaldi, ad ann. 1340, n. 48-49, text.).

« *Venerabilibus fratribus archiepiscopo Toletano ejusque suffraganeis.* In amara trahimur. — Datum Avinione, VIII kalendas septembris, anno sexto ».

CCLXXIIII. — « Item in eod. modo... *archiepiscopo Terraconen. ejusque suffraganeis* ».

CCLXXV «... *archiepiscopo Compostellano ejusque suffraganeis* ».

CCLXXVI «... *archiepiscopo Ispalen. ejusque suffraganeis.*

CCLXXVII «... *archiepiscopo Cesaraugustano ejusque suffraganeis* ».

CCLXXVIII «... *archiepiscopo Bracharen. ejusque suffraganeis.* — Datum ut supra ».

2868 Avignon, 25 août 1340.

Daumet, 749-762 ; Raynaldi, ad ann. 1340, n. 26, fragm.

2869 Avignon, 26 août 1340.

Daumet, 763-764 ; Raynaldi, ad ann. 1340, n. 27-28 fragm. ; Fierens, 650 text. ; Deprez, *Les préliminaires de la guerre de cent ans*, p. 337, n. 5, fragm.

2870 Avignon, 26 août 1340.

Regi Angliae recitat diffuse pericula et discrimina quae ex suis et regis Franciae guerris ipsis regibus eorumque regnis et toti Christianitati proveniunt ac etiam provenerunt, et rogat, hortatur et inducit ipsum Angliae regem ad reformationem pacis vel treugas ineundas, super quo se offert in persona propria, si corumdem regum ad Sedem Apostolicam destinentur propter hoc nuntii laborare. Adjicit quod idem rex Angliae fidem adhibeat magistro Willelmo de Norwico ad eum propter hoc et etiam pro exponendis secretis aliquibus destinato. (Litt. clausa. REG. VAT. 135, f° 109 v°, n. CCXCIII ; Bliss, p. 582, anal.).

« *Benedictus episcopus servus servorum Dei carissimo in Christo filio Edwardo, regi Anglie illustri.* Novit Deus cui (etc.. comme dans la lettre au roi de France : Daumet, 763, mutatis mutandis). — Datum Avinione, VII kalendas septembris anno sexto ».

2871 Avignon, 26 août 1340.

« Credentia commissa per dominum papam magistro Willermo de Norwico super exponendis per eum.. regi Anglie ; quam quidem credentiam idem dominus papa per eumdem magistrum Willermum scribi mandavit et fecit manu propria et sibi realiter assignari. » (REG. VAT. 135, f° 109 v°, n. CCXCIII ; Raynaldi, ad ann. 1340, n. 29-30 text. ; Deprez, *Les préliminaires de la guerre de cent ans*, p. 340, note 2, fragm. ; Fierens, 651, fragm. ; Bliss, p. 582, anal.).

Memoriale super dicendis ex parte domini nostri pape domino.. regi Anglie.

Primo quod propter victorias quas Dei gratia obtinuit mediante non superbiret nec earum confidentia in pacis viis vel tractatu recipiendis extraneum se redderet vel dificilem : exemplo quorum unus decemseptem vicibus in bello succumbens decima octava vice de inimicis suis finalem obtinuit victoriam ; et alter duabus vicibus obtinuit, tertia vero vice cum toto suo succubuit exercitu.

Secundo de perfidia gentis sibi colligate, tam de Flandrensibus, qui cum dominum proprium naturalem deceperint multo magis eum, quem accidentaliter et momentanee receperunt in dominum verisimiliter deciperent in futurum. Nec multum se confidere habet de dominis .. Juliacensi et.. Guelrensi comitibus, quod quasi amore sui istis se actibus exponerent pro eodem; quia magis, immo principaliter propter scandalum potionis eisdem per.. regem Francie impositum defensionem suam propriam et peculiarem prosequi reputantur. De Alamannis etiam minus, qui semper consueverunt instabiles reputari. Avus etiam istius Eduardus bonus eorum instabilitatem ultimate sue indigentie tempore experimento probavit.

Tertio de potentia.. regis Francie excessiva, qui licet decem bella in regno suo perdidisset, populum hamen in habundantia ad resistendum cuique verisimiliter recolligere posset. Quod tamen in rege Anglie extra regnum suum et in extraneorum manibus existente propriaque natione non stipato, dificile immo impossibile reputatur. Et hoc patet exemplo regis cujusdam Anglie, qui quondam infra regnum Francie plus habuit in redditibus quam ipse rex Francie in regno proprio et cum toto successive fuit expulsus. Et presertim cum petitio dicti regis Anglie quoad regnum Francie, in quo nullum jus reputatur habere, ac quoad certos comitatus in quibus centum annorum prescriptione et ultra reges Francie continue et quiete possessionem habuerunt videatur injusta. Quare videtur quod ducatu Vasconie sub forma qua dominus Edwardus avus istius tenuit eundem merito debeat contentari.

Quarto de timore Dei quam ad memoriam semper reducere debet in pectoris sui scrinio revolvendo processus et censuras in et contra Bavarum factos et latas, quas per adhesionem ejusdem et assumptionem vicariatus imperii noscitur incurrisse. Super quibus dominus noster prefatus eidem regi tam exhortando quam monendo scripsit frequenter et semel sibi non ut filio, nec ut fideli ecclesie, sed ut rebellibus et infidelibus adherenti litteras destinavit. Et presertim propter incursum hostium fidei Christiane qui Christianitatem indigne impugnare ceperunt, prout in litteris domini nostri specifice continetur, ab istius guerre continuatione desistere jam deberet.

Item in casu quo rex diceret merito se dubitare ponere se in manibus domini nostri, presertim assistentibus sibi dominis cardinalibus, quorum major pars et quasi omnes de regno Francie sunt oriundi, vel in personis propriis vel in eorum nepotibus beneficiati, ac reddituati tam in temporalibus quam in spiritualibus, et quorum pars magna publice partem faciunt contra cum in negocio de quo agitur, haberem dicere benivolentiam quam dominus noster habet specialem ad personam domini regis et regnum; ac etiam quod in talibus negotiis Romanam Ecclesiam et ejus patrimonium non concernentibus cardinalium consilium requirere non consuevit; et in hoc negotio, si in suis manibus poneretur, aliorum consilium requirere non curaret.

2872 Avignon, 26 août 1340.

Daumet, 765-768.

2873 Avignon, 27 août 1340.

Daumet, 769.

2874 Avignon, 27 août 1340.

Capitulo eccl. Frisingen. notificat reservationem dictae ecclesiae xvi kalendas junii prox. praet. factam. (Litt. patens. REG. VAT. 135, f° 63 v°, n. CLVII; Riezler, 2079, anal.; Lang, *Acta Salzburgo-Aquilegensia*, t. I, n. 278, anal.).

« *Dilecti filiis capitulo ecclesie Frisingen.* Intendentes dudum ecclesie. — Datum Avinione, vi kalendas septembris, anno sexto ».

2875 Avignon, 27 août 1340.

In e. mod... *Venerabili fratri .. archiepiscopo Salzeburgen.* Intendentes dudum ecclesie Frisingen. — Datum ut supra. (Litt. pat. REG. VAT. 135, f° 63 v°, n. CLVIII).

2676 Avignon, 27 août 1340.

Praelatis et ecclesiasticis personis mandat ut mag. Guillelmo de Norwico, decano eccl. Lincolnien., papae capellano, causarum Palatii apost. auditori, ad Eduardum regem Angliae destinato, quatuor florenos auri singulis diebus quibus in prosecutione negotii sui laboraverit assignare curent. (Litt. pat. Reg. Vat. 135, f° 111 r°, n. ccc; Bliss, p. 583 anal.).

« *Venerabilibus fratribus universis archiepiscopis et episcopis, ac dilectis filiis electis, abbatibus, prioribus, decanis, archidiaconis, archipresbiteris, plebanis, rectoribus et aliis ecclesiarum prelatis, vel eorum vicesgerentibus, ac personis ecclesiasticis quibuscumque, religiosis et secularibus et ecclesiarum ac monasteriorum capitulis et conventibus exemptis et non exemptis Cistercien., Cluniacen., Cartusien., Premonstraten., sanctorum Benedicti et Augustini et aliorum ordinum, nec non magistris et preceptoribus S. Johannis Jerosolimitani et b.M. Theotonicorum, ac Calatraven. et S. Jacobi ac Jhesu Christi hospitalium sive domorum ad quos presentes littere pervenerint.* Cum nos dilectum. — Datum Avinione, vi kalendas septembris, anno vi°».

2877 Avignon, 29 août 1340.

Securum conductum concedit mag. Willelmo de Norwico, decano eccl. Lincolnien., papae capellano, ad Eduardum regem Angliae misso. (Litt. pat. Reg. Vat. 135, f° 111 v°, n. cccii, Bliss, p. 583, indic.).

« *Venerabilibus fratribus patriarchis, archiepiscopis,* [etc., comme au n° 82]. Cum nos dilectum. — Datum Avinione, iv kalendas septembris, anno sexto ».

2878 Avignon, 29 août 1340.

Capitulo ecclesiae de Romanis nuntiat se Petrum Villaris mittere ad inquirendum de juribus quae Romana Ecclesia in ecclesia et villa de Romanis possidet. Eisdem mandat ut dicto Petro tam per exhibitionem documentorum quam alias informationem praestent; deinde documenta illa per aliquem vel aliquos fidos homines mittant ad papam qui, visis ipsis, illa restituere eis curabit. (Litt. pat. Reg. Vat. 135, f° 64 v°, n. clx; Daumet, 773, incompl.).

« *Dilectis filiis capitulo ecclesie de Romanis, Viennen. diocesis.* Certis ex causis. — Datum Avinione, iv kalendas septembris, anno sexto ».

2879 Avignon, 29 août 1340.

Daumet, 774.

2880 Avignon, 29 août 1340.

Daumet, 775.

2881 Avignon, 29 août 1340.

Guillelmo de Planilis mandat ut de pecuniis Camerae apostolicae nomine ab eo in civitate et dioec. Terraconen. collectis summam mille sexcentorum floren. auri Berengario Peironi, civi et mercatori Terraconen., qui dictam summam de suis pecuniis ipsi Camerae solvit, assignet, duobus inde confectis instrumentis et quittatione ab eodem mercatore recepta. (Litt. pat. Reg. Vat. 135, f° 64 v°, n. clxii).

« *Dilecto filio Guillermo de Planilis, archidiadono de Villasicca in ecclesia Terraconen., subcollectori fructuum et proventuum in civitate et diocesi Terraconen. ad Cameram spectantium auctoritate apostolica deputato.* Cum dilectus filius. — Datum Avinione, iiii kalendas septembris, anno sexto ».

2882 Avignon, 29 août 1340.

« *Dilectae in Christo filiae nobili mulieri Guiranae Cabassole, relictae quondam Alfanti Romei, domicelli, viduae Cavaillicen.,* conceditur indulgentia in articulo mortis plenaria. Provenit ex tue. — Datum Avinione, iv kalendas septembris, anno sexto ». (Litt. pat. Reg. Vat. 128, n. 508 ; Reg. Vat. 135, f° 125 v°, n. cccxxxix, Vidal, 8006).

2883 Avignon, 30 août 1340.

Raymbaldum de Montebrione deputat rectorem ducatus Spoletani ad Sedis Apost. beneplacitum. (Litt. pat. Reg. Vat. 135, f° 65 r°, n. clxiii).

« *Dilecto filio Raymbaldo de Montebriono, preceptori domus de Montebello Hospitalis Sancti Johannis*

Jerosolimitani, Aretin. dioc., rectori ducatus Spoletani. Licet de cunctis. — Datum Avinione, III kalendas septembris, anno sexto ».

2884 Avignon, 30 août 1340.

Praelatis, clero, populo Spoletani ducatus mandat ut praefato rectori pareant. (Litt. pat. REG. VAT. 135, f° 65 v°, n. CLXIIII).

« *Venerabilibus fratribus episcopis* [etc.. comme au n° 24 jusqu'à] *per ducatum Spoletan. constitutis.* Licet de cunctis. — Datum ut supra ».

2885 Avignon, 30 août 1340.

Eumdem Raymbaldum deputat rectorem civitatis Perusinae. — Perusinos hortatur ut eidem rectori obediant et assistant. (Litt. pat. REG. VAT. 135, f° 66 r°, n. CLXV-CLXVI).

« *Dilecto filio Raymbaldo de Montebriono... ducatus Spoletani et civitatis Perusine rectori.* Civitatem Perusin. — Datum Avinione, III kalendas septembris, anno sexto ».

« *Dilectis filiis communi, clero et populo civitatis Perusine.* Civitatem Perusin. — Datum ut supra.

2886 Avignon, 30 août 1340.

Eidem Raymbaldo assignat stipendium quatuor florenorum auri singulis diebus quibus in officio rectoriae fuerit percipiendum et a thesaurario ducatus Spoletani ei assignandum. (Litt. pat. REG. VAT. 135, f° 66 r°, n. CLXVII).

Eidem rectori. Cum de tue. — Datum Avinione, III kalendas septembris, anno sexto ».

2887 Avignon, 30 août 1340.

Thomae, episcopo Anconitano, mandat ut ad nominationem dicti rectoris possit auctoritate apostolica deputare personam idoneam quae quoties opus fuerit, in ducatu Spoletani exercendi jurisdictionem ecclesiasticam in fulcimentum temporalis dumtaxat habeat potestatem. (Litt. pat. REG. VAT. 135, f° 66 v°, n. CLXVIII).

« *Venerabili fratri Thome, episcopo Anconitano.* Cum nos dilectum. — Datum ut supra ».

2888 Avignon, 2 septembre 1340.

Joanni Grodonis, episcopo Cracovien., mandat ut Jacobum Scirik, Cracovien., ac Pelcam Pacoslai, Visliencem, Cracovien. dioec., custodes, et Petrum Adae, de Zenze, canonicum Cracovien. eccl., ac nobilem virum Pacoslaum de Stroziscz, ejusdem diocesis, absolvat ab excommunicationis sententia ab ipsis incursa eo quod receptas a magistro Galhardo de Carceribus, in partibus regni Poloniae apostol. Sedis nuntio, decem marchas auri ad pondus Poloniae Camerae apostol., ut promiserant, termino statuto non solverunt; nunc vero illas soluti sunt. Ceterum cum instrumentum obligationis praedictae non possit inveniri, irritum et cassum declaratur. (Litt. pat. REG. VAT. 135, f° 68 v°, n. CLXXV; Theiner, *Monum. Polon.* I, n. 559 text.).

« *Venerabili fratri.. episcopo Cracovien.* — Petitio dilectorum filiorum. — Datum Avinione, IV nonas septembris, anno sexto ».

2889 Avignon, 4 septembre 1340.

Albertum et Mastinum de la Scala quittat de quinque millibus florenis ab eis pro termino festi SS. Apost. Petri et Pauli solutis ratione pensionis annuae pro vicariatu Veronen., Parmen. et Vicentin. Ecclesiae Rom. debitae. (Litt. pat. REG. VAT. 135, f° 67 r°, n. CLXXI; Raynaldi, ad ann. 1340, n. 58 fragm.).

« *Dilectis filiis nobilibus viris Alberto et Mastino, vicariis nostris et Sancte Rom. Ecclesie in Veronen., Parmen. et Vicentin. civitatibus ac castris, villis, territoriis, districtibus et comitatibus earumdem.* Proposita coram nobis pro parte vestra petitio continebat quod secundum conventiones et pacta inter nos et Ecclesiam Romanam de consilio fratrum nostrorum, et ambasciatores, nuntios et procuratores vestros ad hoc sufficienti potestate suffultos dudum habita et per vos postmodum ratificata et approbata specialiter et expresse, vos ratione vicariatus Veronensis, Parmensis et Vicentine civitatum, ac castrorum, villarum, territoriorum, districtuum et comitatuum eorumdem per nos et Sedem Apostolicam ad quos, Imperio Romano vacante, sicut tunc vacabat et nunc vacat, etiam pertinet, vobis sub certis modis et formis usque ad certum tempus, sicut in litteris apostolicis inde confectis plenius continetur, concessi, ad solvendum nobis et eidem Ecclesie in Romana curia, ubicumque fuerit, vestris sumptibus et expensis quinque millia floren. auri singulis annis in festo beatorum apostolorum Petri et Pauli de annua pensione quandiu vicariatum hujusmodi tenebitis, esse noscimini sub certis juramento, penis, sententiis et conditionibus in litteris eisdem expressis astricti. Cum autem pensionem quinque milium florenorum auri predictam pro termino festi eorumdem apostolorum prox. preteriti debitam quam certis causis coram nobis propositis in dicto termino commode solvere nequivistis, die date presentium per manus dilecti filii Francisci, nati quondam Bartholomei, civis Veronen., nuntii vestri duxeritis nostre Camere recipienti pro nobis et pro portione collegium prefate Romane Ecclesie cardinalium contingente persolvendam, nobis pro parte vestra fuit humiliter supplicatum ut providere vobis vestrisque indempnitatibus super hiis salubriter de benignitate apostolica dignaremur. Nos igitur [etc, sequitur absolutio et quittatio]. — Datum Avinione, ii nonas septembris, anno sexto ».

2890 Avignon, 4 septembre 1340.

Eosdem quittat de una marcha auri pro termino ejusdem festi, ratione census annui ab eis pro villis seu terris de Magnano et de Capraria, districtus et diocesis Veronen., quas ab Ecclesia Romana tenent in feudum, per manus Quirici, nati quond. Sperandei, civis Veronen., in sexaginta quatuor florenis auri die datae praesentium soluta. (Litt. pat. REG. VAT. 135, f° 67 v°, n. CLXXII).

« *Dilectis filiis nobilibus viris Alberto et Mastino de La Scala fratribus, dominis villarum seu terrarum de Magnano et de Capraria districtus et dioc. Veronen., nostris et S. Rom. Ecclesie fidelibus.* Pro parte vestra. — Datum Avinione, ii nonas septembris, anno sexto ».

2891 Avignon, 5 septembre 1340.

Raymbaldo, rectori ducatus Spoletani, concedit ut litteris omnibus praedecessoribus suis ab apost. Sede directis uti, contentaque in eis, tam in ceptis quam non ceptis negociis possit exsequi et complere. (Litt. pat. REG. VAT. 135, f° 67 r°, n. CLVIII*bis*).

« *Dilecto filio Raymbaldo de Montebriono,... ducatus Spoletani rectori.* Ut commissum tibi. — Datum Avinione, nonis septembris, anno sexto ».

2892 Avignon, 5 septembre 1340.

Daumet, 778.

2893 Avignon, 5 septembre 1340.

Perusinos hortatur ut eidem rectori ducatus Spoletani consiliis, auxiliis et favoribus assistant oportunis. (Litt. clausa. REG. VAT. 135, f° 67 r°, n. CLXX; Deprez, *Recueil de documents, etc..* dans *Quellen.,* etc.. t. III, p. 267, n. CXXII, anal.).

« *Dilectis filiis communi Perusino.* Cum nos dilectum. — Datum Avinione, nonis septembris, anno sexto ».

2894 Avignon, 5 septembre 1340.

Odoni, episcopo Paphen. committit ut residua decimarum quae in partibus regni Cypri solvenda restant, informatione praevia, colligat et cum integritate recipiat ; illosque qui non solvendo praefixis terminis residua hujusmodi excommunicationis vel aliis sententiis innodati essent satisfactione praestita absolvat et cum eis super irregularitate dispenset. (Litt. pat. REG. VAT. 135, f° 68 r°, n. CLXXIIII).

« *Venerabili fratri Odoni, episcopo Pafen.* Cum sicut intelleximus. — Datum Avinione, nonis septembris, anno sexto ».

2895 Avignon, 5 septembre 1340.

« *Dilecto filio Joanni Sapientis, rectori parochialis ecclesie de Granis, Arebaten. dioc.* : conceditur indulgentia in articulo mortis plenaria. Provenit ex tue. — Datum Avinione, nonis septembris, anno sexto ». (Litt. pat. REG. AVEN. 54, f° 219 v°; REG. VAT. 128, n. 469 ; REG. 135, f° 125 v°, n. CCCXL ; Vidal, 8009).

2896 Avignon, 8 septembre 1340.

Albertum et Mastinum de la Scala hortatur ut super colligentis et recuperandis bonis et juribus in civitate et diocesi, comitatu et districtu Lucan. ad Ecclesiam Rom. spectantibus, et quae adhuc colligenda restant mag. Joanni de Pererio, canonico Forojulien., ejusque subcollectoribus, super exigendis, petendis et colligendis dictis bonis et juribus favorem et auxilium praestent. (Litt. pat. REG. VAT. 135, f° 68 r°, n. CLXXIII).

« *Dilectis filiis nobilibus viris Alberto et Mastino de la Scala, nostris et Ecclesie Rom. fidelibus et de-*

votis. Cum in civitate. — Datum Avinione, vi idus septembris anno sexto ».

2897 Avignon, 9 septembre 1340.

Daumet, 779.

2898 Avignon, 10 septembre 1340.

Vicerectori Beneventano concedit ut sex personis idoneis, Ecclesiae Rom. fidelibus, diligenter examinatis, notariatus officium in civitate et districtu ac territorio Beneventanis ubi desunt notarii exercendum, recepto ab eis praevio juramento committat. Sequitur forma juramenti. (Litt. pat. REG. VAT. 135, f° 69 v°, n. CLXXVII ; REG. VAT. 128, n. 532 ; REG. AVEN. 54, f° 214 ; Vidal, 7867).

« *Dilecto filio Arnulpho Marcellini, canonico Agennen., civitatis Beneventane vicerectori.* Cum sicut accepimus. — Datum Avinione, IIII idus septembris, anno sexto ».

2899-2900 Avignon, 17 septembre 1340.

Capitulo Nolan. et archiepiscopo Neapolitan. notificat reservationem ecclesiae Nolanae proprii pastoris solatio nunc destitutae. (Litt. pat. REG. VAT. 135, f° 70 r°, n. CLXXVIII-CLXXIX).

« *Dilectis filiis capitulo ecclesie Nolane.* Relatu assertionis fidedigne. — Datum Avinione, xv kalendas octobris, anno sexto ».

« *Venerabili fratri.. archiepiscopo Neopolitano.* Relatu assertionis fidedigne. — Datum ut supra ».

2901 Avignon, 17 septembre 1340.

Beneventano vicerectori mandat ut bona mobilia Nicolai, episcopi Nolani, in partibus illis pridem defuncti, informatione praehabita petat, exigat et conservet assignantes quoque absolvat et quittet. (Litt. pat. REG. VAT. 135, f° 70 v°, n. CLXXX).

« *Dilecto filio Arnulpho Marcellini, canonico Agennen., civitatis Beneventane vicerectori.* Volentes de bonis. — Datum Avinione, xv kalendas octobris, anno sexto ».

2902-2903 Avignon, 17 septembre 1340.

Daumet, 782-783. Adde in prima : ecclesiae *per obitum Guillelmi archiepiscopi vacantis.*

2904 Avignon, 20 septembre 1340.

Bernardum Cavalgonis recipit in servientem armorum. (Litt. pat. REG. VAT. 135, f° 72 r°, n. CLXXXV).

« *Dilecto filio Bernardo Cavalgonis, Appamiarum diocesis, servienti nostro armorum.* Meritis tue probitatis. — Datum Avinione, XII kalendas octobris, anno sexto ».

2905 Avignon, 22 septembre 1340.

Petro Bertini, receptori emolumentorum tam sigilli quam aliorum ad curiam marescalli Romanae curiae obvenientium, prorogatur dictum officium ad alium annum. (Litt. pat. REG. VAT. 135, f° 72 v°, n. CLXXXVII).

« *Dilecto filio Petro Bertini, precentori ecclesie Sancti Felicis Gerunden.* De tue fidelitatis. — Datum Avinione, x kalendas octobris, anno sexto ».

2906 Avignon, 25 septembre 1340.

Stephano, archiepiscopo Solkatensi, scribit quod si commode ad Sedem Apostolicam venire possit, utilius et plenius de fide catholica, quam referente Gerardo Othonis, ordinis Minorum ministro generali amplecti desiderat, informari et instrui poterit ; et adventus ejus pontifici multum gratus erit. (Litt. clausa. REG. VAT. 135, f° 71 r°, n. CLXXXIII).

« *Stephano, archiepiscopo Solkatensi, gratiam in presenti que perducat ad gloriam in futuro.* Paterne benignitatis mansuetudine. — Datum Avinione, VII kalendas octobris, anno sexto ».

2907 Avignon, 27 septembre 1340.

Regem Siciliae, qui pro complemento residui octoginta octo millium octingentarum quinquaginta duarum unciarum, trium florenorum et quartae partis unius floreni auri, pro censu ex ordinatione Joannis XXII (diei II idus marcii, anno XIV) Ecclesiae Rom. ratione regni Siciliae citra Pharum debito, quatuor millia unciarum pro termino instantis festi b. Michaelis, et octingentas quinquaginta duas uncias, tres florenos et quartam partem unius floreni auri pro termino festi Nativitatis b. Joannis Baptistae prox. futuro, per manus nob. viri Joannis de Cabassole, militis, et mag. Biscardi de Cava, in viginti quatuor millibus ducentis sexaginta tribus florenis et quarta parte unius floreni auri (singulis unciis pro quinque florenis auri computatis) die datae praesentium solvit, quittat et absolvit. (Litt. pat. REG. VAT. 135, f° 72 r°, n. CLXXXVI ; Daumet, 784 rubr.).

« *Carissimo in Christo filio Roberto, regi Sicilie illustri*. Ex tenore petitionis. — Datum Avinione, v kalendas octobris, anno sexto ».

2908   Avignon, 28 septembre 1340.

Beneventano vicerectori mandat ut receptis praesentibus, Guillelmo de Sancto Paulo, clerico Vauren. dioec., olim civitatis Beneventanae thesaurario, qui mandata Sedis Apostolicae ut rationes redderet de administratis vilipendit, praecipiat et injungat ut ad eamdem sedem, dictas rationes redditurus cessante dilatione qualibet venire non postponat, eidem inhibendo ne de sibi commissis se intromittat [1] (Litt. pat. REG. VAT. 135, f° 71 v°, n. CLXXXIIII).

« *Dilecto filio Arnulpho Marcellini, canonico Agennen., civitatis Beneventane vicerectori*. Non sine turbatione. — Datum Avinione, IIII kalendas octobris, anno sexto ».

2909   Avignon, 6 octobre 1340.

Anno 1340, die 6a octobris, pontificatus Benedicti papae XII anno sexto, Henricus de Villars, episcopus et comes Valentinen. et Dien. consensum libere praestat venditioni tertiae partis trium partium castri de Montilio, Valentinen. dioec., a nobile viro Geraldo Ademarii, milite, domino in dictis tribus partibus, faciendae camerio et thesaurario apostolicis, nomine ipsius papae. (Armar. XXXIV, t. 2 A, f° 48 r°).

2910   Avignon, 6 octobre 1340.

Nobilis vir Geraldus Ademarii, miles, dominus castri de Montilio in tribus partibus ejusdem, Valentinen. dioec., de licentia praedicti episcopi et comitis Valentinen. et Dien. praesentis, vendit et tradit Benedicto papae XII ejusque successoribus, Rom. pontificibus et Gasberto de Valle, Arelaten. archiepiscopo, ac Joanni de Cojordano episcopo Avinionen., et Jacobo de Broa, archidiacono Lunaten. in eccl. Biterren., papae thesaurariis, vice ipsius papae stipulantibus tertiam partem dictarum trium partium castri de Montilio ejusque territorii et districtus ac mandamenti (quae tertia pars est quarta pars totius castri) cum omnibus juribus, etc., Quam quidem partem dictus Geraldus promisit « facere valere in redditibus annuatim » dicto papae octingentos florenos auri de Florentia. Pretium autem emptionis fuit summa viginti quatuor millium florenorum auri, quam dicti camerarius et thesaurarius promiserunt solvere de pecunia dom. papae et Camerae. Sequuntur aliae stipulationes et conventiones. Acta fuerunt haec Avinione, in palatio apostolico ubi tenetur consistorium [1]. (Arm. XXXIV, t. 2 A, f° 48 r°-52 v°).

1. Voir plus loin, n° 2918.

2911-2912   Avignon, 13 octobre 1340.

Capitulo Monasterien. et archiepiscopo Colonien. significat reservationem ecclesiae Monasterien. vacantis vel vacaturae. (Litt. pat. REG. VAT. 135, f° 73 r°, n. CLXXXVIII-CLXXXIX; Riezler, 2081, anal.; Sauerland, *Rheinlande*, II, n. 2377, anal.).

« *Dilectis filiis capitulo ecclesie Monasterien*. Pridem intendentes certis. — Datum Avinione, III idus octobris, anno sexto ».

« *Venerabili fratri .. archiepiscopo Colonien* [2]. Pridem intendentes certis. — Datum Avinione, III idus octobris, anno sexto ».

2913   Avignon, 14 octobre 1340.

« *Dilecte in Christo filie Agneti, relictae quondam Bernardi Honorati laici, viduae Biterren. dioec.* conceditur indulgentia in articulo mortis plenaria. « Provenit ex tue. — Datum Avinione, II idus octobris, anno sexto. » (Litt. pat. REG. AVEN. 54, f° 220 v°; Reg. VAT. 128, n. 483 ; REG. VAT. 135, f° 125 v°, n. CCCXLI ; Vidal, n. 8016).

2914   Avignon, 15 octobre 1340.

Resumpta narratione factorum, ordinationis et mandati circa bona Marsilii de Carraria in epistola magistro

1. Cet acte de vente ne fut que provisoire. Certaines clauses en furent revisées après une enquête ordonnée par le pape touchant les véritables conditions de la partie du *castrum* qu'il achetait. Voir l'ordre d'enquête donné le 4 décembre 1340, dans Daumet, 794 ; l'acte de vente définitif, plus loin, 19 janvier 1341, (n. 2985) ; l'exécution de cet acte : Daumet, 802.
2. La bulle apostolique fut présentée à l'archevêque de Cologne le 18 novembre 1340. Riezler 2086 ; Vidal, 8341.

Bernardo de Lacu, III nonas junii proxim. praeteriti (n. 2781), destinata, eidem magistro mandat ut, vocatis abbate et monachis monasterii S. Justinae Paduanae, O.S.B., se informet et referat super modis, formis, pactionibus et conditionibus quittationum et absolutionum, in grave monasterii ejusdem praejudicium de bonis praedicti Marsilii ab illis, ut aiunt, concessarum ; necnon de tractatibus, promissionibus et collocutionibus habitis super eis, ac quid et quantum abbas et monachi habuerint exinde, et aliis circumstantiis. (Litt. pat. REG. VAT. 135, f° 73 v°, n. cxc).

« *Dilecto filio magistro Bernardo de Lacu, canonico Ruthenen., juris civilis professori, Apostolice Sedis nuntio.* Dudum ad audientiam. — Datum Avinione, idibus octobris, anno sexto ».

2915   Saint-Ouen, 27 octobre 1340.

Daumet, 787 ; Raynaldi, ad ann. 1340, n° 38 text.

2916   Avignon, 30 octobre 1340.

Commune, universitatem et populum Bononien. absolvit et quittat de censu octo millium floren. auri ab eis per manus Michaelis Francisci, civis Bononien., syndici eorum, die datae praesentium pro termino festi SS. Apostolorum Petri et Pauli proximo elapsi infra alium terminum prorogato gratiose per papam, soluto, secundum conventiones et pacta de quibus n° 2831. (Litt. pat. REG. VAT. 135, f° 75 r°, n. cxcIII ; REG. VAT. 128, n. 111 ; REG. AVEN. 54, f° 123 v° ; Theiner, *Cod. diplom.* II, n. 108 text. ; Vidal, n. 8207).

« *Dilectis filiis communi, universitati et populo Bononiensibus.* Proposite coram nobis. — Datum Avinione, III kalendas novembris, anno sexto ».

2917   Avignon, 31 octobre 1340.

Joannem de Amelio absolvit et quittat de privilegiis, libris et registris ab eo de mandato papae in thesauro Rom. Ecclesiae, qui in domo fr. Minorum Assisinaten. conservatur perquisitis et papae assignatis ; quae quidem papa recepit et in Archivo Rom. Eccl. conservanda recondi fecit, sicut in inventariis inde factis et pene Cameram apost. retentis plenius continetur[1]. (Litt. pat.

1. Jean de Amelio était arrivé à Avignon avec son bagage de documents et de registres le 28 avril 1339. Il avait donné livraison de toutes ces choses le 30. Denifle, dans *Archiv für Litteratur*, etc., t. II, 1886, p. 11.

BENOIT XII. — T. II.

REG. VAT. 135, f° 74 r°, n. cxcII ; REG. VAT. 128, n. 25 de cur. ; REG. AVEN. 54, f° 32 v° ; Ehrle, dans *Archiv für Litteratur, etc.* t. I, 1885, p. 303, text. ; Riezler, 2085 ; Eubel, *Bull. franc.* VI, n. 129 ; Vidal, 8274).

« *Dilecto filio magistro Johanni de Amelio, archidiacono Forojulien., clerico Camere nostre.* Dudum tibi quem. — Datum Avinione, II kalendas novembris, anno sexto ».

2918   Avignon, 1er novembre 1340.

Resumpta narratione et commissione in litteris vicerectori Beneventano IV kalend. octobris ult. praet. (n. 2908) directis, contra Guillelmum de Sancto Paulo, eidem vicerectori, quem in exsequenda dicta commissione negligentem credit pontifex, in virtute obedientiae injungit ut litteras supradictas absque cunctatione exsecutioni mandet, eidem clerico competentem terminum praefigendo infra quem cum rationibus reddendis in Camera apostolica se praesentet ; praeterea, ne de aliquibus commissionibus non obstante revocatione se intromittat, dictam revocationem in illis partibus publicare procuret. (Litt. pat. REG. VAT. 135, f° 74 v°, n. cxcIII).

« *Dilecto filio Arnulpho Marcellini, canonico Agennen., civitatis Beneventane vicerectori.* Pridem tibi per nostras. — Datum Avinione, kalendis novembris, anno sexto ».

2919   Avignon, 2 novembre 1340.

Daumet 789. Adde : monasterii *per obit. Rostagni abbatis vacantis, reservationem die datae praesentium factam.*

2920   Avignon, 2 novembre 1340.

Conventui monasterii de Galliaco significat ejusdem monasterii per obitum Bonifacii abbatis vacantis reservationem. (Litt. pat. Orig. in *Instrum. miscell.* ; REG. VAT. 135, f° 75 v°, n. cxcvI ; Vidal, 8337 ; Daumet 776, sed cum data erronea).

« *Dilectis filiis conventui monasterii de Galliaco, ordinis sancti Benedicti, Albiensis diocesis.* Assertione fidedigne relationis. — Datum Avinione, III nonas novembris[1], anno sexto ».

1. Daumet, *septembris*.

2921 — Avignon, 2 novembre 1340.

Daumet, 777 : corrigatur data ut in praecedenti.

2922-2923 — Avignon, 6 novembre 1340.

Bononienses et Florentinos rogat ut nobiles Albertum et Mastinum de La Scala Ecclesiae Romana fideles, papae vicarios in civitatibus Veronen., Vicentin. et Parmen., vacante Imperio, qui beneplacitis ejusd. Ecclesiae se conformant, amicabiliter prosequentes, ab eorum et terrarum suarum abstineant injuriis et offensis. (Litt. clausae. REG. VAT. 135, f° 76 r°, n. CXCVIII-CXCIX).

« *Dilectis filiis Tadeo de Pepulis, gerenti administrationem jurium nostrorum fiscalium in civitate, comitatu et districtu Bononien., necnon .. potestati, consilio et communi civitatis ejusdem.* Scire vos credimus. — Datum Avinione, VIII idus novembris, anno sexto ».

« In e. m. *Dilectis filiis.. potestati.. capitaneo, prioribus artium, consilio et communi Florentinis.* — Datum ut supra ».

2924 — Avignon, 9 novembre 1340.

Suspensio interdicti cui civitas Assisinaten. ob disrobationem thesauri Ecclesiae Rom. per Mutium Francisci olim factam subjacet, quae suspensio a pontifice usque ad instans prox. festum Nativitatis Domini concessa est, ab eodem festo usque ad unum annum dicta civitate in fidelitate Rom. perseverante prorogatur. (Litt. pat. REG. VAT. 135, f° 76 v°, n. CCI; REG. VAT. 128, n. 130; REG. AVEN. 54, f° 137 v°; Vidal, n. 8054).

« *Ad futuram rei memoriam.* Dudum ex parte. — Datum Avinione, v idus novembris, anno sexto ».

2925 — Avignon, 10 novembre 1340.

Guiranno de Vians, mandat ut, loco Richardi de Multisdenariis de Cremona, jurisperiti Nemausen. dioec., nuper defuncti, de extorsionibus, gravaminibus et oppressionibus a Guillelmo de Duroforti, olim judice criminali comitatus Venayssini factis, inquirat et justitiam ministret. (Litt. pat. REG. VAT. 135, f° 125 v°, n° CCCXLVI; Daumet, 790, incompl.).

« *Dilecto filio Guiranno de Vians, jurisperito Aptensis diocesis, judici curie dilecti filii.. marescalli nostri.* — Dudum clamosa insinuatione. — Datum Avinione, IV idus novembris, anno sexto ».

2926 — Gand, 10 novembre 1340.

Edwardus III, Angliae rex Benedicto papae XII scribit se nuntios quosdam de pace tractanda ad curiam apostolicam missurum. (Litt. clausa. REG. VAT. 135, f° 111 v°, n. 302; Bliss, p. 583, anal.; Deprez, *La papauté, la France et l'Angleterre*, p. 421, in ext.).

Sanctissimo in Christo patri domino Benedicto, divina providentia sacrosancte Romane ac universalis ecclesie summo pontifici, Edwardus ejusdem gratia rex Francie et Anglie et dominus Ibernie, devota pedum oscula beatorum. Reverenter et devote recepimus sanctitatis vestre litteras, per venerabilem virum magistrum Willelmum de Norwico, decanum Lincolniensem, capellanum vestrum, auditoremque vestri sacri palatii, presentatas, per quas inter alia pacem vel treugam cum.. adversario nostro Francie ineundas provida vestra deliberatio nobis salutaribus monitis persuasit, recitatis primo periculis et discriminibus variis jam ex commotione guerre inter nos et dictum nostrum adversarium subsecutis, et que, nisi divina clementia prospiciat, timentur ex hoc per amplius provenire; ex intima vobis bonitate clementer adicientes quod parati estis apud Sedem Apostolicam in persona propria, si nostri et partis adverse nuncii propter hoc destinentur ad eam, vel per alios, prout commode fieri poterit, ob dicte pacis desiderium laborare, alias autem optaretis quod eligerentur hinc inde certe persone ad tractandum reformationem dicte pacis, circa quod etiam interponeretis libenter solicitudinis vestre partes. Et subjungens in fine ad intentionem vestram nobis super hoc clarius et secretius intimandam, dictum decanum ad nos destinare providistis, plenius informatum, qui commissam sibi nunciationem nobis aperuit laudabiliter et discrete, ordinatam penes nos affectionis vestre dulcedinem nobis patenter insinuans, et ad bonum pacis salubriter nos inducens; et quidem, pater sanctissime, de tam pia visitatione vestra ac exuberante penes nos paterna benivolentia nimirum exultat devotio filialis, laudes et gratias exsolvens propter hoc humiles et votivas; sed pungunt et amaricant interius mentem nostram mala que, sicut predicitur, ex presenti guerra proveniunt, et presertim quod terras Christianorum invadere sic satagunt Infideles, ad quorum repulsionem et insolentiam conterendam, si possemus, daremus operam libentissime, novit Deus, ad quod per Dei gratiam et vestri presidium aspiramus, et ob hoc hactenus, quantum decuit, pacem quesivimus et querere voluimus cum effectu; unde, cum nuper, ante receptionem litterarum vestrarum, obsideremus civitatem Tornacensem, licet nobis arrideret expeditionis uberis spes propinqua, ad importunam tamen quorumdam instantiam, sub spe tractatus pacis toleravimus quod inter alligatos nostros et alligatos partis adverse capiebatur una treuga usque ad festum Nativitatis sancti Johannis Baptiste proxime futurum duratura, inter quos condictum extitit ut in crastino instantis festi sancti Martini episcopi prope Tornacum tractatus pacis haberetur, quem diem, receptis predictis vestre sanctitatis litteris, prorogari fecimus usque in diem dominicam proxime post festum Purificationis beate Marie Virginis, ut interim possemus vestram beatitudinem super intentione nostra et cause nostre justitia plenius informare, et super hiis providum vestrum consilium, quod pre ceteris amplecti volumus, obtinere. Propter quod prefatum decanum ad sanctitatis vestre presentiam cum plenitudine nostre benivolentie remittimus, ac dilectos clericos et consiliarios nostros magistrum Johannem de Offorde, archidiaconum Eliensem, juris civilis professorem, et Johannem de Thoresby, canonicum Suwellensem, illuc cum eo transmittimus, super jure nostro et adverse partis injuria, necnon super intentione nostra plenius informatos, quos, si placet, specialiter recommendatos habere velitis, et super proponendis et dicendis coram eminentia Vestre Beatitudinis in hac parte benignam exauditionem et fidem credulam adhibere, nobisque verbo vel litteris super hiis vestrum providum significare consilium et beneplacitum gratiosum, ut sic juxta salubrem moderationem vestram de personis ad dictum tractatum transmittendis et alias super directione bona negotiorum nostrorum, sicut publica requirit utilitas, possimus citius et consultius, prout cupimus, ordinare. Et super hiis optaremus valde responsum a vestra clementia habere festinum, cum brevitas temporis et negotii gravitas id requirant. Ad hec dilectum et fidelem nostrum Nicolinum de Flisco dictis nuntiis nostris pro dicta informatione facienda ducimus adjungendum, de pie solicitudinis gratia circa liberationem ejus laudabiliter adhibita, sanctitati vestre grates et gratias exolventes. Conservet vos Altissimus ad regimen ecclesie sue sancte per tempora prospera et longeva.

Datum apud Gandavum, decimo die novembris, anno regni nostri Francie primo, regni vero nostri Anglie quartodecimo.

2927 Avignon, 11 novembre 1340.

Capitulo Nemausen. notificat reservationem praepositurae eccl. Nemausen. nunc vacantis, III° nonas octobris, a Joanne XXII, anno decimo septimo factam. (Litt. pat. Reg. Vat. 135, f° 76 v°, n. cc; Daumet, rubr. sed erronea).

« *Dilectis filiis capitulo ecclesie Nemausen*. Olim felicis recordationis. Datum Avinione, III idus novembris, anno sexto ».

2928 Avignon, 13 novembre 1340.

Bononiensibus declarat eos ex eo quod instrumentum super ratificatione reconciliationis ipsorum confectum non fuit papae praefixo quamvis prorogato termino assignatum sententias in litteris apostolicis dictae reconciliationis contentas non incurrisse; et si ex hoc easdem sententias incurrisse viderentur eos ex abundanti absolvit. (Litt. pat. Reg. Aven. 54, f° 151; Reg. Vat. 128, n. 148; Reg. Vat. 135, f. 77 r°, n. ccii; Theiner, *Cod. dipl.* II, n. 115, text.; Vidal, 8211).

« *Dilectis filiis universitati, communi et populo Bononien*. Dudum dilectis filiis magistris Paulo de Liazariis, decretorum, et Machagano de Aczogudis, ac Petro de Bonipetris, legum doctoribus, ambaxiatoribus, et Rolando, quondam Johannis de Fantuciis, syndico, procuratore et nuntio speciali vestris coram nobis et fratribus nostris in consistorio publico comparentibus nonnullisque ibidem per eos nomine vestro recognitis, actis, gestis, promissis, datis, constitutis, factis, habitis et juratis, nos super eis et hiis etiam que per nos tunc de dictorum fratrum consilio concessa et disposita fuerunt, necnon super reconciliatione vestra sperata tunc temporis litteras nostras bulla nostra munitas fieri fecimus ad perpetuam memoriam premissorum. Sed cum per vos infra terminum prefixum super hec non fuissent ea que continebantur in eisdem litteris adimpleta, et propter hoc recidissetis in omnes penas et sententias quibus propter excessus vestros et culpas ante litterarum predictarum confectionem eratis astricti, nosque nichilominus vos in easdem penas et sententias recidisse per processus nostros super hoc specialiter habitos per diversas fecimus mundi provincias publicari; demum per eundem magistrum Petrum de Bonipetris et dilectum filium magistrum Bonaventuram Jacobini, civem Bononien., procuratores et syndicos vestros, per vos ad nostram presentiam destinatos et etiam per syndicatum et procuratorium vestrum nobis humiliter supplicastis ut vobiscum ac regentibus civitatem predictam graciose agere vosque ad reconciliationis gratiam benigne recipere dignaremur; nos autem, qui libenter misericordiam quantum cum Deo possumus amplectimur, vestris hujusmodi supplicationibus benignius inclinati, factis quibusdam declarationibus et moderationibus super premissis ac suppletionibus contentis in litteris nostris, quarum necnon et aliarum, ut premittitur, dudum super predictis confectarum copiam sub bulla nostra vener. fratri nostro Beltramino, Bononien., tunc Cuman. episcopo, quem ad civitatem Bononien. ejusque comitatum et districtum super infrascriptis destinavimus fecimus ut super contentis in litteris predictis instrui valeret plenius assignari et eidem episcopo commitendum nichilominus duximus et mandandum ut ad civitatem, comitatum et districtum prefatos se personaliter conferre procurans diligenter inspectis tenoribus litterarum ipsarum et eis vobis expositis et solemniter publicatis, factaque prius per vos actualiter, realiter et corporaliter restitutione et assignatione corporalis possessionis et quasi civitatis, comitatus et districtus predictorum, ac meri et mixti imperii et omimode jurisdictionis ceterorumque jurium eorumdem civitatis, comitatus et districtus ad nos et Ecclesiam memoratam pleno jure spectantium eidem episcopo nomine nostro ac successorum nostrorum et Ecclesie predicte recipienti, ac per ipsum episcopum dicto nomine hujusmodi reali et corporali possessione et quasi recepta, apprehensa et habita pacifice et quiete, factisque insuper per nos recognitionibus, ratificationibus, acceptationibus, affirmationibus, comfirmationibus, emologationibus cum juramentorum prestationibus, obligationibus quoque super censu et aliis omnibus et singulis contentis in litteris supradictis districte, specialiter et expresse, observatis tamen declarationibus, moderationibus et suppletionibus, ut superius exprimitur, per nos factis, confecto quoque super predictis omnibus et singulis publico per manum tabellionis publici nichilominus instrumento quod nobis infra kalendas mensis octobris prox. preteriti mitteretur et assignaretur realiter, certis super hoc penis adjectis in litteris ante dictis expressis, idem episcopus ad relaxationem interdicti cui civitas, comitatus et districtus subjacebant predicti, ac absolutiones, restitutiones, dispensationes et alia que sibi per litteras nostras eidem directas, ut in eis plenius continetur, commisimus procedere procuraret. Sane prefato episcopo ad civitatem, comitatum et districtum predictos, se juxta tenorem litterarum nostrarum hujusmodi personaliter conferente, ac premissis omnibus et singulis que juxta tenores litterarum predictarum per vos et ipsum circa premissa debebant expediri, ut prefertur et fieri, perfectis totaliter et completis, cum timeret idem episcopus propter viarum discrimina et alia impedimenta sibi occurrentia non posse commode infra dictum terminum ad nostram redire presentiam et instrumentum super premissis confectum nobis realiter assignare, ipse predicta nobis per suas litteras intimans humiliter supplicavit ut prorogare usque ad adventum suum terminum hujusmodi super assignatione instrumenti predicti nobis realiter facienda de benignitate solita dignaremur. Et licet nos supplicationi annuentes eidem prorogationem hujusmodi duxerimus verbotenus faciendam, ne tamen vobis desit cautele remedium in hac parte presertim cum prelibatus episcopus in crastino dicti termini ad nos, premissis que juxta tenores dictarum litterarum fieri debebant ut premittitur perfectis totaliter et completis, redierit, nobisque realiter assignaverit instrumentum predictum, tenore presentium declaramus vos propter hoc penas non incurrisse predictas, et si forsan ex eo quod assignatio instrumenti predicti facta infra terminum predictum non extitit, visi essetis penas ipsas quomodolibet incurrisse, vos ex habundanti ab illis absolvimus et totaliter liberamus. Nulli ergo, etc.. — Datum Avinione, idibus novembris, anno sexto ».

2929-2930   Avignon, 13 novembre 1440.

« *Dilecto filio Guillelmo Bastide, clerico non conjugato, nec in sacris ordinibus constituto, Mimaten. dioc.* ; —
« *Dilecto filio Vitali de Moreriis, clerico Tholosan. non conjugato nec in sacris ordinibus constituto, a Gasberto, archiep. Arelaten., Camerario examinatis concedit tabellionatus officium.* « Ne contractuum memoria. — Datum Avinione, idibus novembris, anno sexto ». (Litt. pat. Reg. Aven. 54, f° 214 ; Reg. Vat. 128, n. 533-534 ; Reg. Vat. 135, f° 121 v°, 122 r°, n. cccxv-cccxvi ; Vidal, 7868, 7869).

2931-2932   Avignon, 13 novembre 1340.

Almeratio de Cabrespina, ad Aragoniam et partes alias destinato concedit ut quamdiu in prosecutione negotiorum Camerae Apost. insisterit fructus beneficiorum suorum in absentia percipere valeat.
« *Dilecto filio Almeratio de Cabrespina, canonico Ilerden.* Ex tue devotionis. — Datum Avinione, idibus novembris, anno sexto ».
« *Judicibus* : *Dilectis filiis.. praeposito Forojulien., et Michaeli Ricomanni, Valentin., ac Petro Comitis, Barchinonen. canonicis ecclesiarum.* Mandamus quatinus. Datum ut supra ».
(Litt. pat. Reg. Aven. 54, f° 136 v° ; Reg. Vat., 128, n. 128 ; Reg. Vat. 135, f° 123 r°, n. cccxix-cccxx ; Vidal, 8141).

2933   Avignon, 13 novembre 1340.

« *Dilecto filio Berengario Romenxis, monaco monasterii Fontisfrigidi, Cistercien. ordinis, Narbonen. dioec.* : conceditur indulgentia plenaria in articulo mortis. Provenit ex tue. — Datum Avinione, idibus novembris, anno sexto. » (Litt. pat. Reg. Aven. 54, f° 220 ; Reg. Vat. 128, n. 475 ; Reg. Vat. 135, f° 125 v° ; n. cccxlii ; Vidal, n. 8021).

2934   Avignon, 14 novembre 1340.

Bonifacio, episcopo Cumano, concedit ut super negotiis, tam per papam quam Cameram Apostol. olim ei, dum episcopus Mutinen. esset commissis possit, non obstante sua ad Cuman. ecclesiam translatione, procedere sicut ante. (Litt. pat. Reg. Vat. 135, f° 78, r°, n. cciii).

« *Venerabili fratri Bonifacio. episcopo Cumano.* Dudum tibi nunc episcopo. — Datum Avinione, xviii kalendas decembris, anno sexto ».

2935   Avignon, 14 novembre 1340.

Rectorem Campaniae commendat de actis ab eo contra excessus nob. viri Benedicti Gaitani ejusque complicum ac civium Anagnin., illumque hortatur ut inceptos processus continuare illosque ad papam mittere procuret. (Litt. clausa. Reg. Vat. 135, f° 78 r°, n. cciiii).

« *Dilecto filio Neapoleoni de Tibertis, priori domus Venetiarum Hospitalis Sancti Johannis Jerosolimitani, Campanie Maritimeque rectori.* Receptis benigne litteris. — Datum Avinione, xviii kalendas decembris, anno sexto ».

2936   Avignon, 14 novembre 1340.

Rectori Patrimonii mandat ut si populus Urbis magna caristia victualium et carentia bladi miserabiliter afflicti ad Patrimonium mittant ad emenda blada, illos blada ipsa justis pretiis emi et ad Urbem deferri permittat, proviso quod habitatores ejusdem Patrimonii bladis muniti remaneant. Rursus super iis quae populus ipse usi sunt hactenus circa granum emendum et extrahendum de certis locis ejusdem Patrimonii nihil innovet, juribus Rom. Ecclesiae semper intactis manentibus. (Litt. clausa. Reg. Vat. 135, f° 78 v°, n. ccv).

« *Dilecto filio Guigoni, electo Casinen., rectori Patrimonii b. Petri in Tuscia.* Insinuatione compassibili. — Datum Avinione, xviii kalendas decembris, anno sexto ».

2937   Avignon, 16 novembre 1340.

Rectori Patrimonii mandat ut, cum mercatores societatis Azayalorum de Florentia ei fidem fecerint se summam duorum millium florenorum auri pro opere reparationis basilicae Principis Apostolorum de Urbe, Joanni Pagnottae, episcopo Anagnino, Papae in Urbe vicario, et Petro Laurentii, canon. Atrebaten., ejusdem basilicae altarario assignasse, ipse de pecuniis Cameram apostol. contingentibus in Patrimonio collectis eamdem summam mercatoribus ipsis persolvat. (Litt. pat. REG. VAT. 135, f° 78 v°, n. CCVI ; *Bullar. basil. Vatic.* I, p. 318, text.).

« *Dilecto filio Guigoni, electo Casinen., rectori Patrimonii b. Petri in Tuscia.* Desideriis optantes intensis. — Datum Avinione, XVI kalendas decembris, anno sexto ».

2938   Avignon, 16 novembre 1340.

Vicario suo in Urbe et altarario basil. Principis Apostol. mandat ut dictam summam duorum millium floren. auri in opere reparationis praedicto expendant, et super assignatione dictae summae per mercatores Azayalorum societatis facta Cameram Apostolicam et Guigonem de S. Germano, rectorem praefatum certiores faciant. (Litt. pat. REG. VAT. 135, f° 79 r°, n. CCVII ; *Bull. basil. Vatic.* I, p. 319, text.).

« *Venerabili fratri Johanni, episcopo Anagnino, nostro in spiritualibus in Urbe vicario, et dilecto filio Petro Laurentii, canonico Atrebaten., altarario basilice Principis Apostolorum de Urbe.* Intellecto quod. — Datum ut supra ».

2939   Avignon, 20 novembre 1340.

Anno M°CCC°XL°, die XX^a mensis novembris, anno Benedicti papae XII pontificatus sexto, in camera papali palatii apostolici Avenionen., dom. papa, praesentibus Bertrando de la Chapelle, archiepiscopo Viennen. et quibusdam canonicis ejusdem ecclesiae cassat, irritat et annullat traditionem, concessionem et translationem custodiae civitatis Viennen., domus Canalium pertinentiarumque suarum ac jura meri et mixti imperii et omnimodae jurisdictionis altae et bassae cum suis obventionibus et emolumentis ad archiepiscopum et capitulum Viennen. pertinentibus, a dicto capitulo factas, inconsultis Sede apostolica et Viennensi archiepiscopo in contemptum auctoritatis apostolicae et grande dicti archiepiscopi praejudicium, Humberto, Dalphino Viennensi ejusque successoribus, sub certis conditionibus in instrumento publico contentis.

Eisdem archiepiscopo, capitulo et canonicis Viennen. inhibet pontifex ne bona immobilia, jura et jurisdictiones ecclesiae suae donare, vendere, submittere, subjicere, etc. praesumant sine sua et Apostolicae Sedis licentia speciali.

Sequitur tenor instrumenti concessionis praedictae, anno 1338, quarto pontificatus Benedicti XII, die vicesima septima augusti, apud Viennam in capitulo ecclesiae Sancti Mauritii, acti [1].
(Armar. XXXIV, t. 2, f° 191 v-196 v° ; copie : Armar. XXXIV, t. 2 A, f° 40 v°-47 r°).

2940   Avignon, 23 novembre 1340.

Guigone de Sancto Germano ad eccl. Casinen assumpto, Mag. Bernardum de Lacu rectorem Patrimonii b. Petri in Tuscia constituit ad beneplacitum Sedis Apostolicae. (Litt. pat. REG. VAT. 135, f°. 79 r°, n. CCVIII).

« *Dilecto filio magistro Bernardo de Lacu, canonico Ruthenen., juris civilis professori, rectori Patrimonii beati Petri in Tuscia.* Desiderabiliter affectantes Patrimonium. — Datum Avinione, IX kalendas decembris, anno sexto ».

2941   Avignon, 23 novembre 1340.

Praelatis, clero et populo in Patrimonio b. Petri in Tuscia constitutis mandat ut eidem Bernardo rectori pareant. (Litt. pat. REG. VAT. 135, f. 80 r°, n. CCIX).

« *Venerabilibus fratribus episcopis* [etc., comme au n° 24 jusqu'à] *per Patrimonium b. Petri in Tuscia constitutis.* Desiderabiliter affectantes. — Datum Avinione, IX kalendas decembris, anno sexto ».

2942-2951   Avignon, 23 novembre 1340.

Eumdem Bernardum de Lacu deputat rectorem comitatus Sabiniae ejusque districtus et pertinentiarum ; — clero et populo dicti comitatus mandat ut eidem rectori pareant. (Litt. pat. REG. VAT. 135, f° 80 r°, n. CCX-CCXI).

« *Dilecto filio magistro Bernardo de Lacu, canonico Ruthenen., juris civilis professori, Patrimonii b. Petri in Tuscia et comitatus Sabinie rectori.* Cupientes comitatum Sabinie. — Datum Avinione, IX kalendas decembris, anno sexto ».

« *Dilectis filiis clero et populo comitatus Sabinie ac pertinentiarum et districtus ejusdem.* Cu-

1. Voir Vidal, 8214, 8215, deux bulles du 20 novembre 1340 ordonnant l'exécution de ladite mesure. Cf. *Gallia Christiana*, t. XVI, Instrum. col. 67. Voir encore Vidal, 9105, une lettre du 18 août 1341, se référant aux suites de cet acte.

pientes comitatum Sabinie. — Datum ut supra ».

ccxiii : Binae similes litterae pro terra Arnulphorum ; ccxv : binae pro civitate Tudertina ; ccxvii : binae pro civitate Reatina ; ccxix : binae pro civitate Narnien. ; ccxxi : binae pro civitate Interampnen. ; ccxxiii : binae pro castro Strunconis ; — ccxxv : binae pro castro Utriculi ; ccxxvii : binae pro castro Mirandae.

2952   Avignon, 23 novembre 1340.

Eidem Bernardo de Lacu, rectori Patrimonii, stipendium quatuor floren. auri singulis diebus percipiendum de pecuniis Camerae apost. in dicto Patrimonio a thesaurario collectis deputat. (Litt. pat. REG. VAT. 135, f° 81 r°, n. ccxxviii).

« *Dilecto filio magistro Bernardo de Lacu, canonico Ruthenen., juris civilis professori, rectori Patrimonii b. Petri in Tuscia.* Gerentes de tue. — Datum Avinione, ix kalendas decembris, anno sexto ».

2953   Avignon, 25 novembre 1340.

Wilhelmo Lazouche, qui dudum ad Rom. curiam veniens ut negotium electionis suae ad eccl. Eboracen. prosequeretur prope Gebennam a quibusdam nobilibus civibus Gebennen. et aliis complicibus cum familiaribus suis aggressus, captivatus, atrocibus injuriis afflictus, ad locum solitarium ductus, pecuniarum et bonorum quantitatibus quibusdam spoliatus fuit, concedit relaxationem juramenti ab eo et a Radulpho Tourvil, canonico Lichefelden. familiari suo praestiti de non revelandis praedonum nominibus, necnon et de redeundo infra certum terminum sub captivitate cum ducentis florenis auri dictis praedonibus dandis. (Litt. pat. REG. VAT. 135, f° 81 r°, n. ccxxix ; REG. VAT. 128, n. 159 ; REG. AVEN. 54, f. 156 ; Vidal, 8217 ; Bliss. p. 578, anal.).

« *Dilecto filio Willelmo Lazouche, decano ecclesie Eboracen.* Petitionis tue series coram nobis proposite continebat, quod cum tu ad prosequendum negotium electionis quam in ecclesia Eboracen. vacante de persona tua dudum fuisse asseris celebratam ad Apostolicam Sedem ut tenebaris accedens, die decima presentis mensis novembris esses in prosecutione itineris tui, prope civitatem Gebennen. citra pontem in terra dilecti filii nobilis viri., comitis Gebennen. Johannes de Blunee, Odo de Verde et quidam Guilhelmus nomine, milites, Guilhelmus de Sancto Germano et Nicolaus de Sancto Apro, domicelli, cives Gebennen. cum nonnullis aliis suis complicibus in hac parte in te tuosque familiares clericos et laicos tecum itinerantes more hostili et praedonico cum armis subito terribiliter irruentes ac invadentes et offendentes te dictosque familiares, aliquibus ex eisdem familiaribus vulneratis et atritis graviter, captivarunt violenter et miserabiliter, sicque captivos et afflictos multis atrocibus injuriis et offensis extra viam publicam ad quendam locum solitarium ultra lacum de Lausana in terra dilecti filii nobilis viri Ludovici de Sabaudia deducentes, ibidem certis pecuniarum summis et rebus ac bonis aliis te dictosque familiares depredando nequiter spoliarunt, secumque dampnabiliter asportarunt. Et nichilominus a te ac dilecto filio Radulpho Tourvil, canonico Lichefelden., familiari tuo de non revelandis eorumdem predonum nominibus necnon et de redeundo infra certum terminum sub eorum captivitate seu privato carcere cum ducentis florenis auri eis dandis et solvendis ulterius extorserunt per vim et metum qui poterant in costantem (*sic*) cadere, coactione nefandissima juramentum. Nos igitur qui premissa in Dei gravem offensam, dicte Sedis contumeliam et libertatis ecclesiastice lesionem attemptata temere gravia non indigne gerimus et molesta, tuis supplicationibus inclinati juramentum hujusmodi per vim et metum, ut prefertur, extortum tenore presentium auctoritate apostolica relaxamus. Nulli ergo, etc.. Datum Avinione, vii kalendes decembris, anno sexto »[1].

2954   Avignon, 25 novembre 1340.

Resumpta narratione excessuum ut in praecedenti epistola, Petro de Faucigny, episcopo Gebennen. mandat ut, secundum anathemata solemniter per Rom. pontifices et per papam praecipuis anni festivitatibus publicata contra spoliatores et impeditores venientium ad Sedem Apost. et recedentium ab ea etc., omnes hujusmodi sacrilegii patratores, et eos qui auxilium, consilium vel favorem dederunt excommunicatos nuntiari faciat solemniter ; de praedictis etiam excessibus se informet

1. Voir Vidal, *Benoît XII. Lettres communes*, n. 8217, 8880, 9086.

diligenter, et illas censuras observari faciat donec satisfactum fuerit passis injuriam plenarie. Rursus praefatos milites et domicellos, si culpabiles sunt, citare procuret ut infra viginti dierum spatium apostolico conspectui se praesentent. Praeterea comitem Gebennen. et Ludovicum de Sabaudia, aliosque dominos temporales requirat ut dictos sacrilegos ad satisfaciendum damna passis compellant. Tandem informationem circa haec receptam in scriptis redactam ad Sedem apost. mittat. (Litt. pat. Reg. Vat. 135, f. 81 v°, n. ccxxx ; Bliss, p. 578-579 anal.).

« *Venerabili fratri.. episcopo Gebennen.* Graves Deo ac nobis. — Datum Avinione, vii kalendas decembris, anno sexto ».

2955 Avignon, 25 novembre 1340.

Rectori et thesaurario Romandiolae respondet quod ad reparationem murorum castri Amaldulae procedant, si pretio octingentorum florenorum vel minori, ut dicebant, fieri possit ; rectori eidem mandat ut si, juxta mandatum apostolicum contra tyrannos jura et honores Ecclesiae Rom. in Romandiola occupantes usque ad restitutionem dictorum jurium et honorum non processerit, negligentiam suam per diligentiam purget subsequentem. (Litt. clausa. Reg. Vat. 135, f° 84 r°, 121, n. ccxxxiiii ; Theiner, *Cod. diplom.* II, n. 117 text.).

« *Venerabili fratri Raymbaldo, episcopo Imolen., rectori, et dilecto filio Stephano Benerii, thesaurario Romandiole.* Hiis que tam super. — Datum Avinione, vii kalendas decembris, anno sexto ».

2956 Avignon, 25 novembre 1340.

Regi Siciliae significat quod Bavarus sentiens divisiones et discordias in regno et terris ejusdem regis subortas ad illa occupanda aspirat ; quare rex videat super hoc quid agendum (Litt. clausa. Reg. Vat. 135, f° 84 v°, n. ccxxxv ; Daumet, 793, rubr.).

« *Carissimo in Christo filio Roberto regi Sicilie illustri.* Quarumdam serie litterarum nobis missarum nuper de partibus remotis percepimus quod congregato pridem per Bavarum magne gentis armigere apparatu, quid ipse inde agere intendat sunt oppiniones diverse, inter quas est una videlicet quod Bavarus idem, percepto quod in regno et terris tuis sunt divisiones et discordie turbantes multipliciter statum ibidem pacificum et tranquillum, ad invasionem et occupationem regni et terrarum hujusmodi, si posset, quod avertat Dominus,

astuciis fraudulentis aspirat ; et maxime ad hoc oppinandum multi dicuntur induci quia ipse vias et modos querere asseritur quibus ad partes Italie securum et accomodum habere possit hiis temporibus transitum et accessum. Sane, fili carissime, quamvis hec que nobis scripta sunt, ut prefertur, credibilia minime videantur, quia tamen illa que dantur contemptui et neglectui quandoque graviter consueverunt obesse, nos illa ex paterne dilectionis et caritatis affectu ad regiam providimus noticiam deducenda, ut prudenter attendens quod previsa jacula minus ledunt et periculis que possent ex divisionibus et discordiis hujusmodi ac aliis que alias serenitati tue scripsisse meminimus tibi, regno et terris provenire predictis remediis oportunis occurrens videat super predictis et circumspecte conspiciat regalis providentia quid agendum. — Datum Avinione, vii kalendas decembris, anno sexto ».

2957 Avignon, 25 novembre 1340.

« *Venerabili fratri Bertrando, patriarche Aquilegen.* Benigne receptis fraternitatis tue litteris nobis die date presentium presentatis et contentis in eis intellectu pleno collectis, super eorum scriptione tuam in Domino diligentiam commendantes, volumus quod adhuc super eis eorumque circumstantiis te, quantum honeste ac commode poteris efficiens certiorem, nobis que tibi circa hec occurrerint rescribere certius et clarius non ommittas. Datum ut supra. » (Litt. clausa. Reg. Vat. 135, f° 85 r°, n. ccxxxvi).

2958 Avignon, 25 novembre 1340.

Petro Raimundi de Montbrun, episcopo Tarvien., mandat ut si informatione recepta venditionem et subhastationem bonorum patrimonialium Jacobi de Artigalibus ad instantiam Camere apostolicae factas repererit fore nullas, vel non tenere de jure, illis nullis declaratis vel recisis, bona ipsa dicto Jacobo pro pretio quo precedentibus subhastationibus legitimis fuerunt vendita liberet et assignet. (Litt. pat. Reg. Vat. 135, f° 120 r°, n. cccxiii).

Venerabili fratri.. episcopo Tarvien. Ad nostram nuper accedens presentiam dilectus filius Jacobus de Artigalibus, clericus de Vico, Auxitane diocesis, nobis sua petitione monstravit quod olim fel. recordationis Johannes papa XXII, predecessor noster, percepto quod ultime dispositionis bonae mem. Vitalis, episcopi Albanen. ex eo plus debito contingebat executionem differri, quia nonnulla debita et credita ipsius episcopi tunc exigenda et recuperanda restabant, dilectis filiis magistro Raymundo de Chamayraco, canonico Ambianen., scriptori nostro, et Bernardo Raynerii, monacho monasterii Moysiacen., Caturcen. diocesis, suis dedit litteris in mandatis ut ipsi seu prefatus Raymundus de Chamayraco, si ambo hiis vacare non possent aut nollent, de debitis et creditis hujusmodi de plano et simpliciter inquirentes ea nomine predecessoris ejusdem petere, exigere ac recipere fideliter procurarent. Cum autem quondam Raymundus de Artigalibus, pater dicti Jacobi, ratione reddituum et proventuum prioratus Sancti Montis, dicte diocesis Auxitane, quem prefatus episcopus ex concessione apostolica dum viveret obtinebat, in quibusdam pecuniarum summis memorato episcopo adhuc tempore mortis sue teneretur astrictus et per curiam secularem sub cujus cohertione se ac bona sua propterea obligaverat, pro parte satisfactionis pecuniarum predictarum nonnulla bona ipsius patrimonialia essent tradita et liberata commissariis antedictis, demum dicto Raymundo de Artigalibus viam universe carnis ingresso prelibatus Raymundus de Chamayraco volens quod ad venditionem procederetur bonorum ipsorum, prefato monacho super venditione hujusmodi precedentibus tamen subastationibus legitimis fideliter facienda vices suas sub certa forma committens, voluit et eidem monacho mandavit expresse quod si dictus Jacobus, filius et heres dicti Raymundi de Artigalibus, pro pretio competenti quod premissis dictis subastationibus reperiretur de illis retinere vellet et posset bona predicta, ex equitatis et humanitatis benignitate ipsum in dictorum assecutione ac retentione bonorum preferret. Et, licet prefati Raymundus de Chamayraco et Bernardus Raynerii, tempore quo dictus Raymundus prefato monacho super predictis commisit, ut predicitur, vices suas dicerentur pro eo tacite revocari quod per nos vel auctoritate nostra commissarii alii fuerant in illis partibus deputati qui jam publicatis commissionis sue litteris procedere super commissis eisdem negotiis inchoarant, tamen prefatus monachus tanquam potestate avidus, forma commissionis eidem per dictum Raymundum de Chamayraco super predictis ut premittitur minime observata, de facto non absque malitia, dolo et fraude, ut eadem petitio subjungebat, procedens, quibusdam personis partium illarum bona predicta quantum in eo fuit certo pretio premissis tamen subastationibus vendidit, non admisso ad id prefato Jacobo volente et offerente tantum dare quantum alii offerebant pro bonis eisdem, sed expulso potius et rejecto. Nostre igitur provisionis remedio per ipsum Jacobum humiliter super hiis implorato, nos eidem benigne compatientes affectu et volentes quantum cum Deo possumus ne ipse nudatus et exheredatus bonis patrimonialibus remaneat agere misericorditer cum eodem, fraternitati [tue] per apostolica scripta committimus et mandamus quatinus per te vel alium seu alios, simpliciter et de plano, sine strepitu et figura judicii, super predictis visis et diligenter intellectis hiis que per quoscumque acta sunt hactenus super premissis et vocatis evocandis procedens, si venditionem, traditionem et liberationem dictorum bonorum per prefatum monachum aliis quam dicto Jacobo factas, ex narratis superius, vel aliis justis causis repereris fore nullas vel alias de jure suum non debere sortiri effectum, eis nullis declaratis vel recisis, sicut processissent de facto pro pretio quo vendita subastationibus precedentibus fuerint, ut premissum est, aliis dicta bona vendas dicto Jacobo liberes et assignes, tenens te de pretio ipso pro Camera nostra sic cautum quod etiam si forsan illi qui dicta bona de facto dicuntur emisse pro illis solvissent aliquid de pretio antedicto illud eis, si et prout de hoc constabit et rationis fuerit, restitui valeat et persolvi. Contradictores etc.. Nonobstante [etc..]. — Datum Avinione, VII kalendas decembris anno sexto ».

2959 Avignon, 28 novembre 1340.

« *Dilecto filio magistro Guillelmo de Valle, scriptori nostro* : conceditur indulgentia in articulo mortis plenaria. « Provenit ex tue. — Datum Avinione, IV kalendas decembris, anno sexto. (Litt. pat. REG. VAT. 128, n. 516 ; REG. 135, f° 125 v°, n. CCCXLIII ; Vidal, 8026).

2960 Avignon, 4 décembre 1340.

Daumet, 794.

2961 Avignon, 5 décembre 1340.

Judicibus mandat ut ad ecclesiam Cassinen. et alia loca partium Italiae de quibus expedire viderint accedentes, nonobstantibus commissionibus dudum magistris Geraldo de Valle et Arnulpho Marcellini factis (ipsi enim magistri aliis occupationibus vacant), seu appellationibus frivolis, de bonis et debitis Raymundi, quondam episcopi Casinen., se informent, illaque colligant, recipiant et conservent nomine Camerae Apostolicae ; assignantes ea absolvant et quittent, duobus inde confectis instrumentis. Si autem aliquos occupatores et detentores bonorum reperiant sic rebelles quod de ipsis non possint justitiam in illis partibus obtinere, illos citent ut infra certum terminum apostolico conspectui se praesentent. (Litt. pat. Reg. Vat. 135, f° 86 r°, n. ccxxxviii ; Reg. Vat. 128, n. 57 de cur. ; Reg. Aven. 54, f° 41 ; Vidal, 8280.)

« *Dilectis filiis magistris Ramundo de Chameraco, Ambianen., et Pontio de Pereto, Carnoten. ecclesiarum canonicis.* Dudum de bonis. — Datum Avinione, nonis decembris, anno sexto ».

2962 Avignon, 5 décembre 1340.

Securus conductus pro magistris Raimundo de Chameraco, Ambianen., et Pontio de Pereto, Carnoten. canonicis, ad partes certas Italiae pro quibusdam Ecclesiae Rom. negotiis destinatis. (Litt. pat. Reg. Vat. 135, f° 124 r°, n. cccxxiiii).

« *Venerabilibus fratribus archiepiscopis* [etc.. comme au n° 82]. Cum nos dilectos. — Datum Avinione, nonis decembris, anno sexto ».

2963 Avignon, 8 décembre 1340.

Mag. Bernardo de Lacu, rectori Patrimonii, concedit ut litteris praedecessoribus suis directis uti, contentaque in eis in ceptis et inceptis negotiis complere et exsequi possit. (Litt. pat. Reg. Vat. 135, f° 83 r°, n. ccxxxi).

« *Dilecto filio magistro Bernardo de Lacu, canonico Ruthenen., juris civilis professori, rectori Patrimonii b. Petri in Tuscia.* Cum te rectorem. — Datum Avinione, vi idus decembris, anno sexto »

2964 Avignon, 8 décembre 1340.

Imolen. et Florentino episcopis committit ut a mag. Bernardo de Lacu, rectore Patrimonii in Tuscia nominato, fidelitatis recipiant secundum formam his litteris insertam juramentum. (Litt. pat. Reg. Vat. 135, f° 83 r°, n. ccxxxii).

« *Venerabilibus fratribus Raymbaldo, episcopo Imolen., rectori provincie Romandiole et Francisco, Florentino episcopis.* Cum nos de dilecti. — Datum Avinione, vi idus decembris, anno sexto ».

2965 Avignon, 8 décembre 1340.

Eidem mag. Bernardo de Lacu, rectori, mandat ut, praestito in manibus dictorum episcoporum juramento, ad exercendum rectoriae sibi commissum officium provide se disponat ; et inventarium bonorum mobilium Camerae Apostolicae quae reperiet in dicto Patrimonio, praesente Guigone de Sancto Germano, electo Cassinensi, olim rectore dicti Patrimonii, vel illo quem dimiserit loco sui faciat, unum de duobus instrumentis super hoc conficiendis mittens ad Cameram apost. (Litt. clausa. Reg. Vat. 135, f° 84 r°, n. ccxxxiii).

« *Dilecto filio magistro Bernardo de Lacu, rectori Patrimonii b. Petri in Tuscia.* Confidentes de tue.— Datum Avinione, vi idus decembris, anno sexto ».

2966 Avignon, 8 décembre 1340.

« *Dilecto filio Bernardo Amelii, archidiacono Albien. ; — Dilecto filio Petro Raimundi de Rapistagno, canonico Albien.* : conceditur indulgentia in articulo mortis plenaria. Provenit ex tue. — Datum Avinione, vi idus decembris, anno sexto ». (Litt. pat. Reg. Vat. 128, n. 518, 519 ; Reg. 135, f° 125 v°, n. cccxliiii-cccxlv ; Vidal, 8029, 8030).

2967 Avignon, 12 décembre 1340.

Judicibus mandat ut equos, blada, vina et alia bona quae in pecunia aut aliis rebus portabilibus non fuerint, justis pretiis subhastationibus et preconizationibus praedentibus vendant et in pecuniam convertant : duobus inde confectis instrumentis. (Litt. pat. Reg. Vat. 135, f° 87 r°, n. ccxxxix).

« *Dilectis filiis magistris Ramundo de Chameraco Ambianen., et Pontio de Pereto, Carnoten. canonicis.* Cum nos super. — Datum Avinione, ii idus decembris, anno sexto ».

2968 Avignon, 12 décembre 1340.

Eisdem mandat ut bona praedicta quae receperint, sive in auro vel argento, sive in aliis rebus consistant, penes mercatores societatis Azayalorum et Bonaccursorum de Florentia Neapoli commorantes deponant, ab eis Camerae Apost. per socios suos in curia romana commorantes assignanda. (Litt. pat. REG. VAT. 135, f° 87 v°, n. CCXL).

« *Eisdem.* Cum vos super bonis. — Datum ut supra ».

2969 Avignon, 12 décembre 1340.

Daumet, 796.

2970-2971 Avignon, 13 décembre 1340.

Capitulo Ilerden., et archiepiscopo Terraconen. significat reservationem eccl. Ilerden. per obitum Ferrarii Colon, episcopi Ilerden. vacantis, die III nonas novembris prox. praet. factam. (Litt. pat. REG. VAT. 135, f° 87 v°, 88 r°, n. CCXLII-CCXLIII).

« *Dilectis filiis capitulo ecclesie Ilerden.* Cum pridem intendentes. — Datum Avinione, idibus decembris, anno sexto ».

« *Venerabili fratri.. archiepiscopo Terraconen.* Cum pridem intendentes. — Datum ut supra ».

2972 Avignon, 13 décembre 1340.

Almeratio de Cabrespina committit ut bona mobilia Ferrarii, quondam episcopi Ilerden., in illis partibus defuncti, informatione praevia, petat, exigat, colligat et conservet nomine Camerae Apostolicae, assignantes quittando et absolvendo, duobus inde confectis instrumentis. (Litt. pat. REG. VAT. 135, f° 88 r°, n. CCXLIIII).

« *Dilecto filio Almeratio de Cabrespina, canonico Ilerden.* Noviter intellecto bone. — Datum Avinione, idibus decembris, anno VI° ».

2973 Avignon, 18 décembre 1340.

Daumet, 798-799. Adde : reservationem *die datae praesentium factam.*

2974 Avignon, 18 décembre 1340.

Daumet, 800 ; Raynaldi, ad ann. 1340, n. 55 fragm.

2975 Avignon, 21 décembre 1340.

Daumet, 801 ; Raynaldi, ad ann. 1340, n. 39, fragm.

2976-2977 Avignon, 27 décembre 1340.

Regi Castellae. Gratias reddit Domino pontifex, et commendat regem de victoria contra Sarracenos ab eo et rege Portugalliae obtenta ; hortaturque regem Castellae ut non suis viribus sed divinae potentiae triumphum adscribat, ac peccata gravia quae in illis partibus inoleverunt vitari faciat, praelatis quoque et ecclesiasticis personis assistat. (Litt. clausa. REG. VAT. 135, f° 117 r°, n. CCCVI-CCCVII ; Raynaldi, ad. ann. 1340, n. 52-54, fragm.)

« *Carissimo in Christo filio Alfonso, regi Castelle illustri.* Prosperis et letis admodum rumoribus antequam tue nobis, fili carissime, presentarentur littere ultimo nobis misse, audiveramus gloriosam victoriam, nobis et toto cetui fidelium letabundam, quam tibi et carissimo in Christo filio nostro Alfonso, regi Portugalie illustri dedit de celo virtutum Dominus contra hostem illum sevissimum catholice fidei et fidelium persecutorem ferocem, regem Marrochitanum videlicet, qui magno fastu inflatus presumptionis et superbie cum nonnullis principibus et magnatibus aliorumque innumerabili equitum et peditum multitudine sue fetide nationis et secte, ad fidei et fidelium ipsorum exterminium et confusionem aspirans mare transiverat, jamque adversus terras tuas et Christicolas habitantes in eis, apparatu terribili conceptum evomere ceperat virus suum. Sed subsequenter tuis et regis predicti Portugalie receptis exultanti animo litteris, victoriam ipsam et depressionem hostium eorumdem describentibus, inde perfusis majoris immensitate gaudii non immerito intimis cordis nostri, ei qui bella iniquorum conterens et cornua peccatorum confringens, tibi tuisque robur fortitudinis et auxilium desuper ad conterendum sic gloriose hostes fidei prestitit, laudum cantica et gratiarum actiones devotas in humilitate spiritus solemniter persolvimus, et a clero et populo fecimus reverenter et devote persolvi. Profecto, dilectissime fili, ea que per te ac regem prefatum Portugalie ante conflictum initum cum predictis fidei hostibus facta juxta beneplacitum divinum audivimus, nobis non indigne, cum, ut sacra scriptura eloquitur, sapientia filii sit patris letitia, gaudium in Domino adduxerunt. Relatu quidem placido nostris extitit auribus intimatum quod tu et rex Portugalie supradictus sapientia inspirati divina, diligentius attendentes quod pax Dei que omnem sensum superat sine pace proximi nequit haberi, quodque in cor peccatis subditum et malivolam animam Dei sapientia nunquam intrat, et propterea tanquam principes prudentes et catholici nostris salutaribus sepius vobis directis acquiescendo monitis, vos, ut essetis protectricis et adjutricis gratie divine capaces, studentes aptari, rancoribus, inimicitiis et odiis qui inter vos invicem ille hostis malignus, qui concordiam odit et amaricare non desinit humane quietis delicias, procuraverat suscitari depositis et remissis, concordiam mutuam Deo placibilem invicem reformastis, peccata et vicia que bonis obsistunt operibus deserentes et virtutibus bona ipsa promoventibus et dirigentibus adherentes. Super quibus tuam et ejusdem regis Portugalie circumspectam devotionis prudentiam multe commendationis preconiis attollimus et ei qui vobis hujusmodi consilii salutaris rectum dedit spiritum, multiplicatas gratiarum referimus actiones, tenentes indubie quod misericordie Dominus, cujus auris benigna nunquam justis et justorum petitionibus auditum subtrahit, hujusmodi salubribus preparationibus cordium vestrorum auditis, de sede sue magnitudinis vobis misit adjutorium inextimabile ad hujusmodi victoriam sic gloriose ac miraculose, sicut creditur, obtinendam. Rogamus itaque magnificentiam regiam et in Domino attentius exhortamur quatinus consideranter attendens quod quanto gloriosior in predicto prelio fueris, tanto te debes humiliorem in ceteris exhibere, non tuis et tuorum viribus, sed potius potentie majestatis divine victorie hujusmodi triumphum ascribas. Et ut clementiam divinam tibi magis propitiam constituas et benignam, peccata gravia que inolevisse prodolor ! in partibus illis hactenus et offendisse non leviter superni contemplatoris et retributoris oculos dignoscuntur, vitari procures et facias quantum in te fuerit et deleri : prelatis, religiosis et aliis personis ecclesiasticis quibus est cura commissa gregis dominici, vel etiam predicare verbum Dei competit benignis, devotis et sinceris favoribus nichilominus assistendo. Porro tibi, fili amantissime, summo studio et cura sedula vitandum est et cavendum ut cum hostem antiquum humani generis, qui tue saluti anime invidens, suis te retibus aliquibus detinuit temporibus involutum, a te virtuose, ut letanter audivimus, abjeceris [1], tali vel simili laqueo nequaquam permittas de cetero te involvi, nec Dominum tecum pugnantem impugnes; quod utique proculdubio periculose tibi nimium faceres, si a voluntate tua et carnis concupiscentia quibus per imperium rationis te dominari decet et convenit, te sineres subici vel subjugari, quod absit. Esto quidem, fili precarissime, fortis et constans et magnanimus, non solum contra hostes visibiles, sed etiam invisibiles fortiter dimicando. Nam si hostem intrinsecus viceris, hoc de manu Domini tibi jugiter vendicabis, quod exterius semper gloriosior tuorum et fidei hostium victorieris, augebiturque tui nominis et fame gloria per orbem diffusius divulgata et tandem corona regni coronaberis sempiterni. — Datum Avinione, vi kalendas januarii, anno sexto ».

In eod. modo dicto regi Portugaliae verbis competenter mutatis usque ad illam clausulam Porro. — Datum ut supra ».

2978-2979   Avignon, 27 décembre 1340.

Capitulo Conchen. et archiepiscopo Toletano intimat reservationem ecclesiae Conchen. per obit. Odonis, episcopi, vacantis, die datae praesentium factam. (Litt. pat. REG. VAT. 135, f° 118 v°, n. CCCVIII-CCCIX).

« *Dilectis filiis capitulo ecclesie Conchen*. Ad auditum apostolatus. — Datum Avinione, vi kalendas januarii, anno sexto ».

« *Venerabili.. archiepiscopo Toletano*. Ad auditum apostolatus. — Datum ut supra ».

1. Cf. n. 2803.

2980 Avignon, 28 décembre 1340.

Almeratio de Cabrespina, committit ut bona mobilia Odonis, episcopi Conchen. quaerat, exigat et recipiat atque nomine Camerae Apostolicae conservet, assignantes absolvendo et quittando. (Litt. pat. Reg. Vat. 135, f° 118 v°, n. cccx).

« *Dilecto filio Almeratio de Cabrespina, canonico Ilerden.* Volentes bona mobilia. — Datum Avinione, v kalendas januarii , anno sexto ».

2981 Novembre-décembre 1340.

Credentia nuntiis Eduardi III, regis Angliae commissa de exponendis ex parte ipsius regis domino papae. (Reg. Vat. 135, f° 112 v°; Bliss, p. 584-586, anal. ; Deprez, *La papauté* etc.., p. 423-426, in ext.).

« *Credentia nunciis regis Anglie commissa, ut dixerunt, super exponendis ex parte ipsius regis domino pape, quam quidem credentiam, prout eis data fuerat idem dominus papa in scriptis redigi mandavit et fecit ac sibi sub nunciorum eorundem sigillis realiter assignari.* Hec sunt in effectu que dicta sunt vobis, sanctissimo patri et domino, per nos Willelmum de Norwico, decanum Lincolniensem, Johannem de Offorde, archidiaconum Eliensem, et Johannem de Thoresby, canonicum Sutwellensem, ex parte domini nostri regis Anglie illustris et sub credentia nostra. Sanctissime pater et domine, ut beatitudo vestra de intentione dicti domini nostri regis sincera et justa, ac ad pacem rationabilem prona semper et parata plenius informetur, aliquid est in facto reserandum. Dominus Philippus pro nunc Francie se nunc gerens, a tempore quo regnum Francie primitus occupavit, verisimiliter estimans et merito dictum dominum nostrum regem ad regnum Francie sue mentis oculos direxisse vel velle saltim dirigere in futurum, visus fuit eum in Scotie partibus Scotis realiter adherendo, et in ducatu Vasconie quamplurima usurpando adeo continue et fortiter occupare, quod circa recuperationem jurium suorum in Francia eidem intendere non vacaret. Et quia eidem in minori etate constituto, juris peritiam et agendorum experi[en]ciam non habenti, propter insidias presertim predictas eidem, ut predicitur, preparatas, usque ad tempora novissima via non patuit, jura sua quo ad regnum suum Francie predictum congrue prosequendi, idem dominus noster rex pacem desiderans et quietem, vias dicto domino Philippo obtulit infrascriptas pro sola recuperatione ducatus predicti et ut a subsidio Scotorum se totaliter ammoveret.

Primo videlicet maritagium filii sui primogeniti pro filia domini Philippi sine quacumque dote matrimonialiter copulanda. Secundo maritagium germane sue, nunc domine Gelrie, pro filio dicti domini Philippi cum dote maxima et excessiva. Tertio maritagium germani sui domini comitis Cornubie, pro quadam consanguinea sua. Quarto pro vexatione redimenda obtulit sibi unam summam pecunie arbitrio dicti domini Philippi proprio moderandam. Quinto quia dictus dominus Philippus pretendebat se velle in Terre Sancte subsidium transfretare, dictus dominus noster rex, ex magno zelo quem semper habuit et habeat ad sanctum passagium assumendum obtulit se paratum passagium cum eo assumere supradictum et Scotis treugas concedere competentes, sub illa conditione finaliter quod dictus dominus Philippus fideliter promitteret sibi post reditum eorundem de ducatus terris sibi facere justitie complementum. Sed ipse oblationes tam rationabiles immo superrationabiles respuens et refutans, respondit se nichil velle facere quousque omnibus Scotis tam vivis quam heredibus mortuorum restitutionem plenam faceret de hiis que suis temporibus in Scotia occupavit. Et cum nuncii dicti domini nostri regis respondissent quod ad hoc non habuerant potestatem, nec hoc credebant dictum dominum regem facere velle, respondit dictus dominus Philippus per hec verba : « nunquam bene erit quousque unus fuerit rex utriusque regni tam Francie quam Anglie ». Ista publice predicavit dominus archiepiscopus.. Cantuariensis Londoniis in prelatorum, comitum, baronum et aliorum multitudine copiosa. Audiens hec dominus noster rex, ad discretionis annos jam perveniens, convocari fecit Parlamentum : in quo, de consilio et assensu omnium prelatorum, comitum, baronum et aliorum nobilium et popularium ibidem presentium et presertim dicti domini Cantuariensis ad hoc specialiter instantis, extitit ordinatum quod, cum pacem per humilitatis viam obtinere non potuit, et ex sententia et decisione doctorum et advocatorum tam Romane Curie quam Studiorum Parisiensis et Oxoniensis et aliorum, necnon prelatorum omnium regni Anglie peritiorum et famosiorum, cum quibus jus suum fecerat solicite disputari, regnum Francie predictum per mortem clare memorie domini Karoli, ultimi regis Francie, avunculi sui, ad eum ut proximum heredem masculum jure successorio erat legitime devolutum, jus suum predictum etiam in manu forti curaret prosequi cum effectu ; et ut hoc securius et secretius faceretur (sic) posset, jurati ad hoc fuerunt domini Cantuariensis, Lincolniensis, Londoniensis, Saresbiriensis, Lichefeldensis et alii multi prelati, comites, barones et alii nobiles majores regni super crucem domini archiepiscopi Cantuariensis predicti. Insuper inter alia extitit ordinatum quod alligationes fierent in Alemannia jam facte, et quod dominus episcopus Lincolniensis, associatis sibi quibusdam nobilibus de Anglia, minister constitueretur ad perficiendum alligationes predictas, qui ex ordinatione Parlamenti predicti et dicti domini regis precepto dictum ministerium sic necessitatus admisit et ad effectum perduxit. Quibus factis, dominus noster rex consilium secutus predictum, mare transivit et aliquas regni Francie partes cum suo et quorundam alligatorum exercitu devastavit. Instante postmodum tempore yemali, dictus dominus noster rex in Anglia reversus, audivit quod in mari maxima navium multitudo ad sui et suorum invasionem celerem parabatur ; qui de consilio suorum sibi pro tunc assistentium et principaliter domini Cantuariensis predicti subito se paravit ad purgandum mare et ad transeundum se exposuit, absque provisione pecunie vel equorum, sub confidentia principaliter dicti domini Cantuariensis, qui infra certos et paucos dies pecuniam sibi sufficientem promiserat destinare. Et mare transiens innimicos suos invenit in mari juxta portum quo proposuit applicare, et eam, quam dedit sibi Deus, optinuit victoriam ; qui postmodum terram ascendens, sub confidentia promissionis predicte, cum armatorum maxima multitudine civitatem Tornacensem obsessit, ibidemque remanens longuo tempore, omni pecunie

subsidio destitutus, licet ad multorum instantiam importunam, veraciter tamen sola pecunie frustratione coactus, treugis consenserat ineundis ; in summo sic periculo et extremo necessitatis articulo constitutus, cum nullum denarium toto obsidionis tempore, ut dixit, ab Anglia recepisset, et ultra, suum contra dictum dominum archiepiscopum conceptum aperiens dixit hec verba : « vere credo quod archiepiscopus voluit quod per defectum pecunie perditus fuissem et interfectus ». Et ulterius dixit : « talia etiam alias dixit michi seorsum de uxore mea, et econtra talia dixit uxori mee seorsum de me, propter que, si fuisset exauditus, ad tantam nos iram mutuam provocasset, quod perpetua inter nos fuisset divisio. » Vere, pater sancte, dominus rex omnia ista dominum archiepiscopum tangentia sepissime michi, Willelmo de Norwico, tam ad partem quam coram aliis de consilio suo reduxit ad memoriam et firmiter injunxit sub juramento quod ea vestre sanctitati plene et fideliter recitarem. Ista, pater sanctissime, videlicet quod propter defectum peccunie dominus rex treugis consenserat ineundis et ea que dominum archiepiscopum tangunt, si placet, teneantur secreta ; cetera omnia poterunt propalari.

Sequitur intentio domini regis. Sanctissime pater et domine : intentio domini nostri regis semper fuit et est Apostolice Sedi et persone vestre sancte, de cujus constantia, justitia ac benivolentia singularem habet confidentiam, omnem reverentiam facere et honorem. Et ideo, licet in treugarum constitutione ordinatus fuerat dies videlicet in crastino sancti Martini ad tractandum de pace, tamen dominus noster rex, receptis et intellectis vestre sanctitatis litteris et auditis hiis que per.. decanum ex parte vestre clementie dicebantur, fecit ob vestram et Apostolice Sedis reverentiam dictum diem usque ad diem dominicam post festum Purificationis proximum prorogari, ut interim clementiam vestram super intentione sua et querele sue justitia clarius posset informare. Et quia beatitudo vestra in hac ultima legatione tam litteris quam verbo domino nostro regi affectionem suam aperuit tam constantem, est intentio dicti domini regis nec per tractatum nec per compositionem pacem habere absque mediatione et directione sanctitatis vestre, in cujus sinu affectio et confidentia sua singulariter conquiescunt. Et, ut specialiter et nude vestre clementie suam aperiat voluntatem, vestre significat sanctitati quod prosequitur et intendit prosequi totum regnum Francie tanquam sibi jure successorio legitime debitum et delatum. Ob reverentiam tamen vestram et Apostolice Sedis, et propter discrimina vitanda, que ex continuatione guerrarum poterunt verisimiliter provenire, paratus est tractare de pace et bone paci consentire, dum tamen in tractatu pacis faciende habeatur consideratio rationabilis ad jus sibi competens in regno predicto, et non solum ad ducatum, quia solo ducatu toto, et etiam ab omni servitio et subjectione cujuscumque libero non intendit contentari. Insuper, quia sanctitas vestra ad reformationem pacis summe solicita per litteras suas paratam se obtulit, apud Apostolicam Sedem in persona propria, si partium nuntii propter hoc ad curiam destinentur, vel per alios prout honeste et commode fieri poterit laborare, dominus noster rex ex magna confidentia et reverentia devota consentit quod hoc sit in electione sanctitatis vestre. Et in casu quo placuerit sanctitati vestre tractatum habere personaliter coram vobis, paratus erit dominus noster rex nuncios suos propter hoc ad curiam destinare, si similiter hoc facere voluerit pars adversa : ita tamen quod dies jam prorogatus teneatur in loco condicto et extunc fiat quod est dictum. Ista dicta domini regis intentio secrete, si placet, teneatur, quousque ab altera parte sanctitas vestra intentionem super hoc habuerit ultimatam ».

298 2

Reg. Vat. 135, f° 114 v°; Raynaldi, ad ann. 1340, n. 9-15 text.; Bliss, p. 586-588 anal.).

Sequitur tenor unius cedule per.. regis Anglie nuntios sub sigillis eorum propriis domino pape date et exhibite continentis causas et rationes propter quas idem rex Anglie in et desuper regno Francie pretendit et vendicat jus habere.

Ut sanctitati domini nostri summi Pontificis clare pateat quod juste petit dominus rex Anglie jure hereditario regnum Francie datur informatio que sequitur per nuncios dicti regis. — Factum ex quo dominus Edwardus rex Anglie jus habere se dicit ad regnum Francie sic se habet. Publice notum est et fuit quod dominus Carolus junior, filius Philippi, regis Francie, Pulchri communiter nuncupati, post mortem domini Philippi fratris sui, cum idem dominus Carolus immediate jure hereditario in dicto regno successit, fuit verus rex Francie et quod sibi dictum regnum Francie fuit jure successorio legitime devolutum ; et quod ipse dominus Carolus dictum regnum tanquam verus rex Francie suo tempore quo regnaverat, tenuit et possedit pacifice et quiete ; et quod tandem idem dominus Carolus, nullo fratre suo tunc superstite, decessit sine herede masculo de corpore suo procreato. Certum est etiam de jure quod in successionibus hereditariis ab intestato venientibus, proximior de sanguine defuncti inspecto mortis tempore habilis ad succedendum, omnes remotiores de sanguine ejusdem defuncti prorsus excludit sive per masculi, sive per femine personam defuncto jungebatur. Et certum est quod tempore mortis dicti domini Caroli regis Francie, ut prefertur, proximior ipsius cognatus fuerit dominus Edwardus rex Anglie supradictus, qui fuit filius sororis ejusdem domini Caroli, videlicet domine Isabelle, regine Anglie, in secundo gradu consanguinitatis dumtaxat distans ab eodem domino Carolo supra dicto. Dominus vero Philippus de Valesio, qui occupat dictum regnum Francie fuit filius patrui ipsius domini Caroli, regis, filius videlicet domini Caroli de Valesio, fratris predicti domini Philippi Pulchri, sic distans notorie ab ipso rege Carolo tertio gradu consanguinitatis; et per consequens de jure communi predictus dominus Edwardus rex Anglie, filius sororis predicti domini Caroli regis defuncti, jure successorio debuit et debet preferri in successione regni Francie predicto domino Philippo de Valesio, qui dumtaxat in tertio gradu consanguinitatis ipsum dictum regem Carolum attingebat.

Fundata ergo intentione domini regis Anglie de jure communi, non restat aliud nisi objectibus respondere.

Primo obicitur per partem domini Philippi de Valesio pro rege Francie se gerentis contra regem Anglie supradictum, quod idem rex Anglie fecit sibi tanquam regi Francie homagium pro ducatu Aquitanie et pro comitatu Pontivi, et sic ipsum Dom. Philippum suum fore et esse dominum ac regem Francie recognovit.

Obicitur etiam ipsi regi Anglie quod ipse homagium ligium et juramentum sibi fecit et quod de hiis predictus dominus Philippus habet penes se litteras sigillo predicti regis Anglie consignatas; item quod littere hujusmodi fuerunt in Anglia sigillate.

Item obicitur predicto regi Anglie quod ipse non est de sanguine domus Francie, nisi per medium mulieris, videlicet domine Isabelle, matris sue et quod mulier non poterit neque debet, obstante consuetudine in regno Francie approbata et legitime prescripta, admitti ad obtinendum jure successorio dictum regnum, et per consequens, per medium ipsius filius ejus non succedet.

Ad vacuandos istos objectus datur informatio que sequitur per nuntios supradictos. — Primo quod homagium factum prejudicare non debeat predicto regi Anglie in effectu, quia idem rex Anglie tempore factionis homagii supradicti notorie fuit minoris etatis nec annum etatis sue octavum decimum tunc complevit : quo casu eidem regi ratione minoris etatis debuisset sicut ceteris minoribus lesis infra tempora in integrum restitutionum legibus cauta per competentem judicem, si fuisset judex competens, beneficio restitutionis in integrum subveniri. In defectum tamen judicis competentis usus est idem rex Anglie infra predicta in integrum restitutionis tempora aliis juris remediis que sibi debent sufficere in hac parte.

Preterea rex Anglie predictus, minoris etatis existens, ut prefertur, ante factionem homagii per quemdam procuratorem suum ad hoc specialiter constitutum protestabatur palam et expresse quod per homagium quodcumque domino Philippo de Valesio, tunc pro rege Francie se gerenti, per ipsum regem Anglie pro ducatu Aquitanie seu pro comitatu Pontivi faciendum non intendebat, nec intenderet renuntiare juri hereditario, quod sibi ad regnum Francie competebat, seu eidem juri aliqualiter derogare, etiamsi littere super hoc suo sigillo quocumque in posterum signarentur; et protestabatur quod non faceret predicto domino Philippo aliquod homagium sua spontanea voluntate, sed dumtaxat illud faceret propter metum justum amissionis dictorum ducatus et comitatus; et quia metuebat quod nisi hujusmodi homagium sibi faceret, alia etiam perhorrenda pericula et damna irreparabilia nullatenus evitaret; de veritate vero premissorum fecit idem rex Anglie per procuratorem suum predictum prestari in animam suam, tactis sacrosanctis evangeliis coram multis ad id vocatis testibus juramentum.

Ad objectum de juramento quo.. rex Anglie in homagio debuit prestitisse, seu quod ipse sic juraverit declarasse, salva reverentia non est verum ; quia nec ipse dominus rex Anglie, nec aliquis progenitorum suorum unquam juraverit in prestatione homagii cujuscumque, prout liquere poterit evidenter ex inspectione registrorum continentium formas homagiorum predictorum; nec in aliquibus litteris sigillatis sigillo regis Anglie quod sic juratum fuerit continetur. Nec dici potest quod in homagio facto per dictum dominum regem fuit contentum tacite juramentum ex hoc quod sigillate fuerint alique littere sigillo regis Anglie, in quibus continebatur hujusmodi homagium fuisse ligium, qui verbum ligium ex sui significatione nullatenus hoc importat.

Et ad id quod dicitur quod hujusmodi littere fuerunt in Anglia sigillate et sic sine metu, respondetur quod non sine metu cum instaret metus amittendi totum ducatum predictum per paratum exercitum ad ipsum regem in ducatu et in Anglia per partes Scotie invadendum; et quod dicte littere hujusmodi, dum idem rex notorie minoris etatis fuerat, ut prefertur, non de plena dicti regis intelligentia, nec habita juris sui seu prejudicii notitia, sicut nec propter etatis fragilitatem potuit tunc haberi sed ex prioris erroris consequentia fuerant sigillate. Preterea restituendus fuit in integrum in hoc casu infra tempora ad hoc apta dominus rex predictus, si competentem judicem habuisset, et quia judicem competentem non habuit usus est tempore debito aliis juris remediis per que sibi de jure plenius est succursum. Et vult., rex Anglie dominum nostrum papam certius informari, quod ipse rex nunquam fecit aliquid ex proposito ipsi domino Philippo pro rege Francie se gerenti, propter quod cessare vel desistere debuerit aut debeat a prosecutione juris sui supradicti, seu propter quod senserit vel sentiat in hac parte conscientiam suam lesam : et quod sic invocat Deum testem.

Ad objectum quo dicitur quod dictus dominus rex Anglie non est de sanguine Francie nisi per medium mulieris, que juris hereditarii regni Francie non est capax, respondetur quod, etsi de consuetudine regni Francie mulier de genere regio a juribus hereditariis regni Francie sit exclusa, tamen ex hoc non sequitur quod ejus filius masculus ad regnandum habilis a successione priorum parentum ad heredes legitimos devolvenda debeat excludi, quia rex Anglie successionem sui avunculi domini Caroli regis defuncti secundum gradus sui prerogativam vendicat ut cognatus ejusdem defuncti regis proximus, qui excludi non debet ab hereditate avunculi vel avite per remotiorem in gradu consanguinitatem, licet ipsius regis mater propter conditionem sexus exclusa fuerit vel subducta.

Et si dicatur quod aliqui nepotes vel consanguinei dominorum Ludovici et Philippi fratrum predicti domini Caroli regis, sibi invicem succedentium, exclusi fuerunt a successione regia ex illo capite quod ipsi predictis regibus per feminarum personas medias dumtaxat jungebantur, sicut et rex Anglie dicto domino Carolo, avunculo suo per medium femine dumtaxat, videlicet matris sue jungebatur ; respondetur quod non ex illo capite dicti nepotes fuerunt exclusi, sed ex eo quod nullus dictorum nepotum fuit in rerum natura tempore mortis illius regis de cujus hereditate agebatur : et hoc clare patet ex facto infrascripto. Sciendum est enim quod dominus Philippus Pulcher, rex Francie decessit relictis tribus filiis, videlicet Ludovico primogenito, Philippo Longo, secundo nato et Carolo tertio et ultimo nato, ac quadam filia, videlicet Ysabella, regina Anglie. Ludovicus senior successit patri suo Philippo Pulchro immediate in regnum Francie et procreavit unam filiam. Subsequenter mortuus est rex Ludovicus relictis dicta filia, que non concepit prolem aliquam, ipso Ludovico rege superstite et uxore sua impregnata, que post mortem dicti regis peperit filium masculum nominatum Joannem, qui novem post dies quibus pro rege Francie habebatur mortuus est. Et successit sibi immediate in dictum regnum Philippus Longus medius frater trium predictorum. Iste Philippus rex tres filias, sed nullum masculum procreavit, quarum filia senior fuit matrimonialiter copulata.. duci Burgundie, secunda.. Delphino de Vienna, tertia et junior.. comiti Flandrie. Ex prima filia.. duci Burgundie copulata suscitatus fuit quidam filius masculus vocatus, ut dicitur, Robertus, rege Philippo superstite ; sed iste Robertus moriebatur antequam moreretur rex iste Philippus, avus suus, et sic non fuit in rerum natura tempore mortis dicti domini Philippi, regis, avi sui. Ex secunda filia.. Delphino copulata nulla fuit proles vivente dicto Philippo rege, neque ex alia nupta.. comiti Flandrie suscitata. Post mortem predicti regis Philippi successit sibi immediate tertius et junior frater suus videlicet dominus Karolus, qui, demum, relictis duabus filiabus non conjugatis sine prole masculina decessit. Ex quibus liquet dictum dominum Karolum fuisse verum et legitimum regem Francie, et per consequens dominum regem Anglie qui fuit filius domine Isabelle, regine Anglie, sororis predicti Karoli, ut prefertur, debere sibi tanquam ejus cognatum proximum succedere in regno predicto.

2983   Avignon, 6 janvier 1341.

Joanni de Pererio mandat ut bona, fructus, redditus et proventus monasterii S. Mariae Florentinae, O.S.B. vacantis per obitum abbatis, quae obvenerunt et obvenient toto tempore vacationis hujusmodi colligat et conservet, ac de illis medio tempore necessariis monasterii praedicti et membrorum ipsius provideat, et ab illis qui administrationem bonorum praedictorum gesserunt a tempore vacationis citra rationes exigat et ad reliqua praestandum compellat. (Litt. pat. Reg. Vat. 135, f° 119 r°, n. cccxi).

« *Dilecto filio Joanni de Pererio, canonico Forojulien.* Volentes bona fructus. — Datum Avinione, viii idus januarii, anno sexto ».

2984   Avignon, 6 janvier 1341.

Episcopo Anagnino et Petro Laurentii mandat ut summam quatuor millium floren. auri a mercatoribus societatis Azayalorum de Florentia recipientes bladum in locis oportunis emant seu emi faciant, ac ad Urbem deferri facientes, vocatis probis viris aliquibus, qui pauperum ex carestia, quae anno praeterito viguit in dicta Urbe, afflictorum notitiam habeant, inter praedictos pauperes indigentiores, personarum acceptione remota dividant, et de praemissis papam reddant certiorem, mercatores quoque praefatos quittent et absolvant. (Litt. pat. Reg. Vat. 135, f° 119 v°, n. cccxii; Theiner, *Cod. diplom.* II, n. 91, text.).

« *Venerabili fratri Johanni, episcopo Anagnino, nostro in spiritualibus in Urbe vicario et dilecto filio Petro Laurentii, canonico Atrabatensi, altarario basilice Principis Apostolorum de Urbe predicta.* Peculiarem Urbis nostrum..... Datum Avinione, viii idus januarii, anno sexto ».

www.ingramcontent.com/pod-product-compliance
Lightning Source LLC
LaVergne TN
LVHW021724080426
835510LV00010B/1127